7

流浪的君子

孔子的最後二十年

王健文
——
著

三民書局

國家圖書館出版品預行編目資料

流浪的君子：孔子的最後二十年／王健文著.－－三版一
刷.－－臺北市：三民，2019
面；　公分.－－(文明叢書)

ISBN 978-957-14-6588-3　(平裝)
1.(周)孔丘 2.傳記

121.23　　　　　　　　　　　　　　　　　108002028

© 　流浪的君子
　　　——孔子的最後二十年

著 作 人	王健文
總 策 劃	杜正勝
執 行 編 委	林富士
編 輯 委 員	王汎森　李建民　康　樂
發 行 人	劉振強
著作財產權人	三民書局股份有限公司
發 行 所	三民書局股份有限公司
	地址　臺北市復興北路386號
	電話　(02)25006600
	郵撥帳號　0009998-5
門 市 部	(復北店)臺北市復興北路386號
	(重南店)臺北市重慶南路一段61號
出 版 日 期	初版一刷　2001年11月
	三版一刷　2019年3月
編 　 號	S 610380

行政院新聞局登記證局版臺業字第○二○○號

有著作權‧不准侵害

ISBN　978-957-14-6588-3　(平裝)

http://www.sanmin.com.tw　三民網路書店
※本書如有缺頁、破損或裝訂錯誤，請寄回本公司更換。

彩圖 1　孔子像

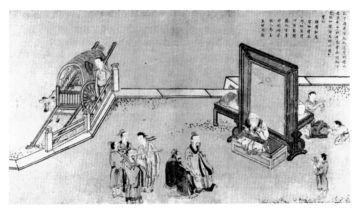

彩圖 2　孔子問禮老聃

彩圖 3　孔子去齊返魯

彩圖 4　孔子不仕退修詩書

彩圖 5　孔子講學

彩圖6　孔門弟子守喪

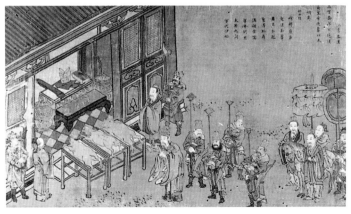

彩圖7　劉邦祭孔

文明叢書序

起意編纂這套「文明叢書」，主要目的是想呈現我們對人類文明的看法，多少也帶有對未來文明走向的一個期待。

「文明叢書」當然要基於踏實的學術研究，但我們不希望它蹲踞在學院內，而要走入社會。說改造社會也許太沉重，至少能給社會上各色人等一點知識的累積以及智慧的啟發。

由於我們成長過程的局限，致使這套叢書自然而然以華人的經驗為主，然而人類文明是多樣的，華人的經驗只是其中的一部分而已，我們要努力突破既有的局限，開發更寬廣的天地，從不同的角度和層次建構世界文明。

「文明叢書」雖由我這輩人發軔倡導，我們並不想一開始就建構一個完整的體系，毋寧採取開放的系統，讓不同世代的人相繼參與，撰寫和

編纂。長久以後我們相信這套叢書不但可以呈現不同世代的觀點，甚至可以作為我國學術思想史的縮影或標竿。

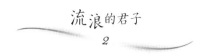

2001 年 4 月 16 日

三版說明

　　王健文教授在中國上古史、先秦思想史及秦漢史的研究領域中成就斐然，於學界享譽盛名。《流浪的君子——孔子的最後二十年》為教授的心血結晶，也是許多歷史系師生必讀的「文明叢書」系列之一。

　　此次再版，為符合現代出版潮流，本書除了調整內文間距及字體編排外，也重新設計版式與封面，讓讀者能夠輕鬆、舒適的閱讀本書。除此之外，我們期望讀者能透過此書瞭解歷史；從文字中看見世道人心，並對我們現在的人生帶來省思。

編輯部謹識

再版序

《流浪的君子——孔子的最後二十年》十年前初版，當時寫作的初衷，是對「知其不可而為」而終身不改其志的孔子致敬，也為行道艱難而終需流浪的異代君子，感傷真誠的理想主義者的悲劇宿命。

三年前，北京三聯出版社的簡體字版刊行，在後記〈如果君子不再流浪〉中，卻不得不提醒：「如果君子不再流浪，真正的故事才要開始。」理想主義者最大的試煉不是貧賤不移，而是富貴不淫；不在顛沛流離，而在安居以行道。

存在於觀念中的理想在天上，落實在紅塵中的理想是人間，從天上到人間，才是一個完整的故事。

略述十年因緣，是為再版序言。

王健文

2011 年 9 月

尋找紅氣球——代序

一

　　季冬時節，小寒初入，南臺灣的豔陽兀自熾熱多情，春蘭自美濃歸來，像個小女孩般興奮地述說著：她見到夢想中的小學了。

　　從通往美濃鎮上的道路，左轉折入鄉間小路，才五十公尺，還來不及轉換心情，學校正敞開著迎接訪客。進了校門，正面的磚瓦白牆建築，是仿菸樓造型的視聽教室；「菸樓」右側，一排兩層樓素淨雅致的教室，二樓垂著綠色的盆栽，一樓地面則招展著長長一列的小紅花；教室牆上，鑲嵌著一方方孩子們的美濃窯陶藝作品；穿過教室當中、如同美濃東門城樓般造型的樓梯間，鍾理和筆下的笠山悠然立在眼前；紅土跑道被一片綠色草原包圍，笠山在幾里外，和學校間沒有圍牆阻隔。晃溫著鞦韆，迎面山風輕拂，不知不

覺中，藍天白雲轉為暮色蒼茫，終至大地一片寂靜。

「我們遷居美濃，讓安棣到那小學唸書，好嗎？」春蘭渴切地說。於是當天夜裡，我們一同編織著不知能否實現的美濃夢想：如果春蘭能在那小學得到個教職，我將成大的課程集中在三天。每天，安棣就在學校裡盡情地歡笑，在美濃的好山好水中恣意優游。春蘭還是教歷史與文學，帶著孩子們在鄉野間，在笠山腳下讀詩、說鍾理和的文學和他那奇宕悲苦的生命故事。下課後，安棣在院子裡作畫、嬉戲、尋找含羞草與小瓢蟲；春蘭則照料她的植栽、閱讀、寫作，然後，做幾道美味佳肴等著我自臺南歸來。

難眠的夜，安棣早已沉靜入夢，春蘭和我也墜入了一個新的夢境，夢中有泥土與花草的芳香，也有著蟬鳴與雀鳥的歌聲。

二

男孩無意間遇見了紅氣球，那真是個碩大渾圓而鮮紅的氣球。氣球飄在街道一角，行人匆匆，無人聞問，

只有男孩伸手拾起絲線，將自己和紅氣球繫在一起。

男孩牽著紅氣球，歡喜地走在冷漠城市的街道中，公車不讓氣球搭乘，他便走著漫漫長路回家。下雨了，男孩尋找著一把又一把的傘，讓紅氣球能在傘下聽到滴滴答答的雨聲，換來了一雙雙錯愕但依然冰冷的眼神。

回到家中，母親不許紅氣球入門，氣球在門外飄盪，找到了男孩的窗口，男孩知道，氣球和他不能分離了。於是，上學、放學，不論何處，男孩與紅氣球如影隨形。但是老師不許，同學戲謔爭搶，紅氣球總是機靈地永遠陪伴著男孩，男孩也忠誠地守候著紅氣球。他們曾經互相戲弄，在街頭玩起迷藏；也曾惑於另一個女孩手中的藍氣球，紅氣球偷偷背著男孩，與藍氣球互通款曲；但是，最終還是回到了男孩身邊。

城裡某區，有一群大男孩也看上了紅氣球，他們追逐著紅氣球，以彈弓瞄準，將紅氣球作為最有趣的標靶。男孩跑著、跳著，無法與大孩子們力爭。紅氣球逃亡、男孩奔跑，終於，紅氣球被打了下來，無力地躺在地上，大男孩走過來，眼神空洞而有兇光，大

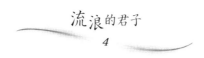
腳一踏⋯⋯

　　男孩絕望悲傷地看著他的紅氣球，正在觀看這影片的人，恐怕也和男孩一般地絕望無助，心中憤怒，卻知道所有的悲憤都無濟於事。讓男孩和觀看影片的人同樣驚奇地，城裡所有的氣球都被召喚了，飛颺在天空中，紅的、藍的、黃的⋯⋯，所有的氣球到了男孩的身邊。男孩忘了悲傷，收集著一條又一條的絲線，氣球們帶著男孩飄上天，男孩笑著，受傷的心靈得到撫慰，城市在他的腳下，愈來愈遠。

三

　　西元前 636 年，流亡國外，忍辱負重的晉國公子重耳，在秦國的武力支持下，回到了晉國，殺了他的姪兒晉懷公，演出了屬於中國春秋時代的「王子復仇（國）記」。

　　新舊政權轉移之際，照例要演出一些權力悲喜劇。原來奉命拒重耳於國境之外的晉國軍隊，倒戈相向，效忠前朝公子，當中有多少的策士折衝、利益交換，

史料隱晦,難以盡白。

支持晉懷公的呂、郤兩家大夫,畏懼重耳的政治整肅,密謀先發制人,發動流血政變。卻被寺人披密告所揭發,重耳又在秦穆公的協助下,設計擒殺二家大夫。寺人披何許人也?他正是十九年前,奉重耳的父親晉獻公之命追擊重耳的人。重耳原對他記恨在心,寺人披振振有辭地說:「君若易之,何辱命焉?行者甚眾,豈唯刑臣。」提醒了重耳,在政權轉移之際,不能只顧私仇舊恨來清算整個舊政權,那只會在新政權還沒鞏固的時候,製造更多的敵人,讓新政權處於分崩離析、十面埋伏的危機中。

新政權建立了,晉國的新主人自然要論功行賞,一人得道,雞犬隨之昇天。重耳流亡十九年,始終堅定無悔的追隨者,當然是第一批名單。這時,有個稱作介之推的人,不向重耳請求加官晉祿,重耳終究也沒留意到他。介之推如是說:

獻公之子九人,唯君在矣。惠、懷無親,外內棄之。

> 天未絕晉，必將有主。主晉祀者，非君而誰？天實置
> 之，而二三子以為己力，不亦誣乎？竊人之財，猶謂
> 之盜，況貪天之功以為己力乎？下義其罪，上賞其
> 姦；上下相蒙，難與處矣。

在這新政權剛成立，晉國一派歡慶氣氛，同時重耳一
方面亟須萬方對他表示擁戴效忠，另一方面也擁有了
最高權力與資源的時刻，介之推卻選擇做一隻烏鴉，
指重耳君臣「貪天之功」，「下義其罪，上賞其姦」，不
識時務，莫此之甚。

後來呢？《左傳》這麼記載：

> 其母曰：「盍亦求之，以死，誰懟？」對曰：「尤而效
> 之，罪又甚焉。且出怨言，不食其食。」其母曰：「亦
> 使知之，若何？」對曰：「言，身之文也。身將隱，
> 焉用文之，是求顯也。」其母曰：「能如是乎？與女
> 偕隱。」遂隱而死。晉侯求之不獲，以綿上為之田，
> 曰：「以志吾過，且旌善人。」

介之推是怎麼死的，《左傳》沒說明白，劉向《新序》中記載文公求之不能得，遂焚燒介山，意欲逼出介之推，介之推竟死於大火。這樣的結局是否實錄？有待更多的資料支持，但是故事的背後，對介之推與晉文公的人格境界，顯然是有著不同的評價。

當介山腳下的農民在驚惶中步出家門，感受到從未經歷的灼熱逼人，豔紅的火舌吞噬了暗夜，將方圓數十里地燃燒得徹夜通明，耳邊只聽到晉侯差遣的人馬忙亂的嘈雜聲。這時，他們會看到一個紅氣球，繫著介之推母子，從烈火所瀰漫成的煙霧中昇起，緩緩飄向天際，平靜而且安詳嗎？

四

終於，在那一夜無眠共築美濃夢想之後一個月，時節已是初春，歲次辛巳，我們全家再訪美濃。

回家的路上，天色已昏暗，春蘭的小 Polo 奔馳在南二高上，伴隨著兩旁成群矗立的椰子樹，和被暮色渲染成墨綠的田野，春蘭如是寫著：

車廂內流洩著大提琴和鋼琴時而低沉、時而輕揚的對話。父子倆早已疲憊地進入夢鄉。雖已踏上歸途,然而這裡的山水人情,田野草木卻不斷清晰地湧現。

回到臺南三天,春蘭還是難掩內心的激動,她寫下了再一次的美濃紀行,題為〈遠方漾起天使清朗的笑聲〉:

......

同樣的暮色中,上一次造訪福安國小,是在每一個步伐都趕不上天色昏暗的速度之下,匆匆離去。那一天,我盡情的搖晃著鞦韆,起落之間,那有著紅土的操場、形如斗笠的山巒(鍾理和筆下的笠山)、白雲藍天、迎面而來的微涼暮色,徜徉在無邊無際的田野。於是貪婪的意圖將這裡的一切盡收眼底,卻只是徒勞一場。就像是憨直的「夸父」,只不過這次我是被落日所追逐。

......

我無法闡釋「福安」所給予的悸動。那融合當地文化風采的菸樓造型視聽教室、美濃窯的方形陶土鏤刻著每一屆畢業學子的創意、彩繪的軌道餐車送來溫熱伙食、小小藝術家的圖畫成為班級教室的點綴、親手栽植的花木、露天的生態園區、碎石鋪陳的廊廡走道、整潔有序的白色教室是孩子們的認真成全。如果說這些年來透過閱讀森林小學、種籽學苑、夏山學校、堤河邑學校……，於是思索著人本教育的理念，進而構築心目中的學習伊甸園，方才驚豔福安，那麼來自生命底層的圖像逐漸的清晰了：那是童年的鹿谷文昌國小——坐落於山谷之間，為稻禾所圍繞的校園，至今我依然牽掛仲夏時分教室前果實纍纍的芒果樹，和當時看來驚心動魄的路旁溪流，那淙淙的水聲始終迴盪在心靈的最深處。

五

到成大的路上，春蘭說了個關於男孩與紅氣球的故事給安棣，那是不久前，才在李黎的〈尋找紅氣球〉

中所讀到的動人景致。安棣靜靜地聽著，不發一語。

安棣在朱銘的「大對招」那氣勢磅礴的雕塑作品前，賣力地騎著他的三輪腳踏車，和別的孩子們追逐嬉鬧著。春蘭到學校前面街上買些物事，我悠閒地踱步在雲平大樓前寬闊的廣場，微涼的秋夜，月明星稀，偶有學生騎著腳踏車，穿梭在孩子的世界中。安棣拋下他的愛車，張開雙臂，朝著我直奔而來。為安棣擦拭額頭的汗水，還來不及問他和小朋友們玩些什麼，安棣先要求了：「講紅氣球、男孩。」

春蘭回來了，我們一起在車上一遍又一遍地說著男孩與紅氣球，說著、說著，春蘭問我，你覺不覺得，幾米的《月亮忘記了》的故事和「紅氣球」像極了？

幾米的《向左走‧向右走》和《月亮忘記了》是安棣喜愛的插畫繪本，尤其是《月亮忘記了》，當時剛滿三歲的安棣幾乎能夠看著書說出結構還算完整的故事情節，尤其說到月亮大得再也無法進到男孩的房間，他倆似乎被迫要永遠分離時，安棣指著男孩靠著牆壁的圖畫說：「男孩哭了。」彷彿他也知道那樣的無奈與

哀傷。

　　雷同的故事結構，幾米的調子更加灰暗，讀來沉重。沒有人能探訪男孩心中的祕密花園，也沒有人以真正的情意對待落入凡間的月亮，只有男孩和月亮相依相守。最後，月亮長大了，必須回到天上。告別城市，男孩在月亮上飛舞久久，倦了，睡了，夢中有百合花的清香撲鼻。

　　最後的畫面卻轉移到一個似乎歷盡滄桑的中年男子，從病房中拄著拐杖，走到郊野，抬頭看著天上的皎潔明月。中年男子與月亮的對望，告訴我們的是故事的結局嗎？結局，究竟是絕望還是希望呢？

六

　　伯夷、叔齊，孤竹君之二子也。父欲立叔齊，及父卒，叔齊讓伯夷。伯夷曰：「父命也。」遂逃去。叔齊亦不肯立而逃之。國人立其中子。於是伯夷、叔齊聞西伯昌善養老，盍往歸焉。及至，西伯卒，武王載木主，號為文王，東伐紂。伯夷、叔齊叩馬而諫曰：

「父死不葬，爰及干戈，可謂孝乎？以臣弒君，可謂
仁乎？」左右欲兵之。太公曰：「此義人也。」扶而
去之。武王已平殷亂，天下宗周，而伯夷、叔齊恥
之，義不食周粟，隱於首陽山，采薇而食之。及餓且
死，作歌。其辭曰：「登彼西山兮，采其薇矣。以暴
易暴兮，不知其非矣。神農、虞、夏忽焉沒兮，我安
適歸矣？于嗟徂兮，命之衰矣！」遂餓死於首陽山。

（漢‧司馬遷《史記‧伯夷列傳》）

七

南二高已通車多時，這卻是我第一次驅車借道，
從關廟交流道南下，過了田寮不遠，經聯絡道轉 10 號
國道北上，不久，在旗山、美濃下交流道，拐兩個彎，
美濃在望。

事實上，從關廟到田寮之間的景觀乏善可陳，車
行過田寮，迎面而來的是整片整片的泥岩惡土，彷彿
將一座山用鏟背一鏟一鏟地切了下來，那是有名的「月
世界」景觀區。穿過一道將近兩公里長的隧道，豁然

開朗，椰林田園，平疇十里，低矮的山巒起伏圍繞在天與地的接際，一幅略具熱帶風情的鄉野景象，在窮山惡水之後，溫馨在目。

這種視覺印象瞬間的轉換，帶來一種心情上的驚豔與感動，春蘭和我曾擁有一些共同的記憶：

1994 年夏天，從花東海岸公路，在豐濱折向西，穿越蜿蜒十餘公里的海岸山脈，山重水複，百轉千迴，乍出山來，光復一帶的縱谷平原赫然（且是安靜的）就在眼前。年少時看過的電影《失去的地平線》中的香格里拉仙境，不也是這樣出現在那群幸運者的眼前嗎？

1996 年夏天，在澳門。我們轉搭公車，在錯誤的地方下了車；只好手持觀光地圖，沿路問人，在澳門那充滿殖民色彩、異國風情的小街弄中穿梭。轉個彎，沿著坡道踏石而上，終於到了西望洋山教堂。教堂坐落在半島東岸的半山腰，海岸線就在腳下，南中國海的汪洋波平如鏡，我們久久不能言語。迷途之初的齟齬，早被遺忘在我們所從來的世界裡。

在花蓮市郊，通往機場的道路，在花蓮師院折向

東，走過空軍基地大門，道路驟然變小，以一個優美的弧度彎向北方，七星潭就在前方下坡處，手握方向盤，那種感覺就像要直奔怒海般。天氣好的時候，海和天一般藍，一灣海岸，以同樣優美的弧度畫向北方，海灣的盡頭是蘇花公路和中橫公路的交界，氣勢雄偉、直削而下切入海洋的中央山脈。七星潭是由大小不等的鵝卵石構成的海灘，我們愛極了這個地方，安棣撿拾石頭、擲向浪花，我們躺著，時而看著緊鄰的花蓮機場起降頻繁的客機和F16，時而閉目細聽海水推打上岸，撤回時洗刷細石的聲音。

辛巳年的春節，小年夜裡，二姊、姊夫，帶領我們一家、從芝加哥回來過年的二哥一家，父親、大嫂、怡婷、美英姊一家，到市郊一處山腰飲茶的「麗園山莊」去。這回不是往大海，而是到山中。我的故鄉——花蓮——是個迷人的小城鎮。在市區（或市郊）的任何一個角落，不論是山之巔還是海之涘，都在開車十五分鐘路程內。

麗園山莊是在中央山脈的東緣小山中，當地是花

蓮市的水源地，山中有著幾處飲茶去處，經營形態略似木柵貓空，但是卻原始粗獷得多。上山的路通行無礙，卻也未曾整治得更平整順暢。從慈濟醫院到山腳約五分鐘，從山腳下到山莊也大約五分鐘的行程。山莊坐落在山腰的一座小小臺地上，向前望去，整個花蓮市都在視野之中（當然花蓮市不大），盤據在市區當中的美崙山，像一隻靈龜匍匐，再遠處即是太平洋。左側遠方是機場，不時可以看到飛機的起降。

我們到麗園時已近黃昏，麗園左邊（北側），隔著溪流，橫過橋梁，一個小小的村落安靜地躺在小小的山谷中。約莫有數十戶人家，住在那裡的，應當是原住民，村名「水源」。天色漸沉，燈，一盞一盞地亮了，我對春蘭說，那不就是桃花源嗎？

從田寮到美濃，那樣的感受，像是晉太元的武陵人，穿越落英繽紛的小徑，看到那「不知有漢，無論魏、晉」的世外桃源般的感動嗎？

八

Dear 春蘭老師：

　　南藝的讀書歲月，因你們的到訪而加深了一份特別的情感記憶，在介紹你們探險的過程當中，不自覺的受到你們那份熟悉的喜悅心情感染，現在走在校園都覺得腳步特別輕盈，你可以想像蹦蹦跳跳的踏在南藝神聖學殿下的情景嗎？

　　最末，謝謝你的小禮物——《尋找紅氣球》，那一天雖然有些累但仍失眠了，腦子裡回想著當天發生的一切，深怕睡一覺全忘光似的，再度失眠！夜裡，我翻開書，看了一遍又一遍……很想看看那部電影——《紅氣球》！

　　我委託音像記錄所的同學幫忙尋找，相信不久，我也能目睹那夢想中的紅氣球！

　　……

蕙如　　2000/10/24

Dear 春蘭老師：

　　關於《紅氣球》，我已經透過同學找到了一些線索，你知道嗎？紅氣球的故事，正在烏山書院的一角慢慢發酵，開始有一些熱心的同學指引一些相關線索，因為尋找《紅氣球》的過程中遇到了意外的挫折——視聽館大整理「閉館中」。

　　原本心想就快看到那具有生命力的紅氣球，現在得多花點心思……尋找《紅氣球》！雖然有些氣餒，但今天也出現了紅氣球微弱的訊息，我的信箱中多了一張照片，黑白又模糊的照片實在不吸引我，但隱約中，我發現了一顆氣球……試圖的將它上了紅色，我猜它就是夢想中的紅氣球，我做了一張小卡，回饋給熱情的同學！

　　紅氣球的故事會慢慢蔓延，偶爾仰望天空，期待有它飄過的感覺！常常覺得自己夢幻的誇張，紅氣球又勾起了我記憶裡的那份深深的期盼。

　　渴望《紅氣球》出現的那天，屆時一定邀請你們

再度光臨「烏山影城」！

蕙如　2000/10/26

夢幻的蕙如：

　　沒想到這麼快就有《紅氣球》的消息，感謝熱心的同學。不過，好奇的是，這張照片是劇照嗎？或只是巧合的畫面呢？我們都很納悶。試圖看清小男孩的臉，因為在我心目中，他應該有一抹既憂鬱又純真的眼神，就像《月亮忘記了》故事中的小男孩。或許，也只是我一廂情願的拼湊罷了。猶如，第一次讀完「紅氣球」的故事，除了驚豔之外，同樣地，燃起我內心一直潛伏的且無可救藥的浪漫因子。於是，急於分享。印給同學，大部分的反應是如陷五里霧中。

　　曾經想像，應該是在榕園或悠悠湖畔，和同學一起閱讀。那兒是雲淡風輕、綠草如茵。隨處可遇見渴求真理的熾熱靈魂，或徜徉無邊天際的夢想家。雖然，現況和同學的興致加起來等於悶熱的教室和游移的眼神。不過，還好，提到「月亮」的故事時，一度贏得

掌聲——算是給幾米的。

　　幸運的是，紅氣球飄向烏山書院，有了回應，且正在蔓延著。想來，也就不寂寞了。

春蘭　2000/10/26

春蘭老師：

　　我找到《紅氣球》了！

　　前一陣子，為了尋找《紅氣球》，把李黎的書傳遍了宿舍鄰居，很擔心日子一久，《紅氣球》就會慢慢消失，果然，課業壓力下，期末報告、心得報告、參觀報告……紅氣球的消息也慢慢淡忘。

　　不過，書的影響力真的頗大，隔壁的鄰居一看完《尋找紅氣球》，也開始和我一樣落入想念氣球的陷阱裡，今天下午，我們透過音像所終於得以一償夙願——《紅氣球》！

　　懷著忐忑的心，縮在音像所的角落，心底的雀躍就在看片子的過程中得到滿足，呵……好大好鮮紅的氣球，很期待你們也能享受這一幕的驚奇，當七彩氣

球出現的那一剎那，覺得好像做了一場夢，充滿希望的夢。

後來走出音像所時，和同學二人不約而同的把夕陽當成紅氣球，踏實的踩著石磚和著草皮，想像自己正像電影一般！愉悅的回宿舍繼續築夢……

目前《紅氣球》還不能外借，只能在所辦欣賞，如果有時間，歡迎再度光臨，我猜小 Andy 一定會愛上《紅氣球》！

蕙如　2000/11/27

九

伯夷、叔齊和介之推的故事，有可以聯想的地方嗎？

孔子說伯夷、叔齊「求仁而得仁，又何怨？」子貢因此確知，孔子不會介入衛國莊公蒯聵和他的兒子出公輒之間的權力鬥爭。但是司馬遷卻引述夷齊失傳的〈采薇辭〉，來說明他們的抱怨而終：「登彼西山兮，采其薇矣。以暴易暴兮，不知其非矣。神農、虞、夏忽焉沒兮，我安適歸矣？于嗟徂兮，命之衰矣！」伯

夷、叔齊究竟「怨邪？非邪？」

　　孟子分判聖人的幾種不同典型：「『何事非君？何使非民？』治亦進，亂亦進」的伊尹是「聖之任者」；「不羞汙君，不辭小官。進不隱賢，必以其道。遺佚而不怨，阨窮而不憫。與鄉人處，由由然不忍去也」的柳下惠，是「聖之和者」；「目不視惡色，耳不聽惡聲。非其君不事，非其民不使。治則進，亂則退。橫政之所出，橫民之所止，不忍居也。思與鄉人處，如以朝衣朝冠坐於塗炭也」的伯夷、叔齊是「聖之清者」；「可以速而速，可以久而久，可以處而處，可以仕而仕」的孔子則是「聖之時者」。「聖之清者」與「聖之時者」，誰才是緊握著「紅氣球」不放手的人呢？

　　介之推和伯夷、叔齊，都用生命捍衛了自己的「紅氣球」，他們的故事顯然比起幾米畫筆下的中年男子還要悲壯。

　　孔子雖然同樣地堅定，卻不像他們那麼決絕。但沒有例外的，他們盡是不識時務、不合時宜的惹人厭的呀呀叫的烏鴉。雖然叫聲相似，一個報喜、一個報

憂，誰能真正分得清喜鵲與烏鴉呢？是「眾人皆醉我
獨醒」還是「眾人皆醒我獨醉」？還是「醒」與「醉」
之間沒有統一的標準，僅有的標準只在人的心中，「堅
貞」是對自己內心聲音的應答，而非服從於任何外在
的教示。

同樣地，我不知道「時宜」是好是壞？是對是錯？
因為它只是個容器，在不同時刻、不同人群中盛裝著
不同的內容。但是，「所有的人說同樣的話、做著一致
的事」本身，卻是件恐怖萬分的事。

十

> 晉太元中，武陵人捕魚為業。緣溪行，忘路之遠近。
> 忽逢桃花林，夾岸數百步，中無雜樹，芳草鮮美，落
> 英繽紛。漁人甚異之，復前行，欲窮其林。林盡水
> 源，便得一山。山有小口，髣髴若有光。便捨船，從
> 口入。初極狹，纔通人，復行數十步，豁然開朗。土
> 地平曠，屋舍儼然，有良田、美池、桑、竹之屬，阡
> 陌交通，雞犬相聞。其中往來種作，男女衣著，悉如

外人；黃髮垂髫，並怡然自樂。見漁人，乃大驚，問
所從來。具答之。便要還家，設酒、殺雞、作食。村
中聞有此人，咸來問訊。自云先世避秦時亂，率妻子
邑人來此絕境，不復出焉，遂與外人間隔。問今是何
世。乃不知有漢，無論魏、晉。此人一一為具言所
聞，皆歎惋。餘人各復延至其家，皆出酒食。停數
日，辭去。此中人語云：「不足為外人道也。」既出，
得其船，便扶向路，處處誌之。及郡下，詣太守，說
如此。太守即遣人隨其往，尋向所誌，遂迷不復得
路。南陽劉子驥，高尚士也，聞之，欣然規往，未果，
尋病終。後遂無問津者。(晉·陶潛〈桃花源記〉)

十一

當紅氣球第一次出現在螢光幕前，引起了一陣驚
呼，我無法遏止心情的激盪，春蘭靜靜地看著，安棣
吵著要他剛戒了一星期的奶嘴，然後漫不經心地在他
的玩具火車旁盤桓。

為了離開陪伴他三年多、在不安的時候、疲憊的

時候，能夠撫慰他的奶嘴，半個月前安棣曾經悲傷地
啜泣。要不是擔心安棣的牙床因長期吃奶嘴而外突，
我們本來覺得何必要戒呢？大人們不是也有著許多自
己心愛而難以割捨的東西嗎？聽說了許多戒奶嘴的招
式，塗辣椒、芥末；當面剪斷、丟棄；厲聲而堅決地
制止，而後充耳不聞孩子的嚎哭……我總以為那太過
決絕，恐怕太傷孩子的心，也不是一個向心愛物事恰
當的告別姿勢。於是我們告訴安棣：奶嘴是你的好朋
友，曾經陪伴著度過多少快樂或憂傷的日子。但是，
正因為奶嘴是你的好朋友，不忍看你的牙齒長得不好
看，它不得不暫時離開你。所以，我們把奶嘴洗乾淨，
收藏在一個漂亮的盒子，想念奶嘴的時候，可以拿出
來看看，再好好地收藏。等到你長大到牙床都固定了，
到了讀小學的時候，如果你還想吃奶嘴，我們不反對
你再重溫舊夢；如果你那時不想吃了，我們還是收藏
著這個好朋友。

　　我想，這是一個讓孩子經歷、學習：成長的過程，
其實有著許多的無可奈何，不能事事周全，有時候我

們不得不與所愛分離，那麼我們該怎麼去處理呢？和奶嘴分離，其實和青年男女失戀差不多，如果我們不喜歡一刀兩斷、交絕而出惡聲，為什麼孩子離開奶嘴就可以那麼殘酷呢？

安棣從啜泣中安靜下來，沉思許久，把口中的奶嘴交給我，然後靜靜地躺著，也許在追憶著他與奶嘴的美好時光吧！之後的一星期，每天、或隔天，安棣還會吵著和奶嘴重逢相聚片刻，而後，他不再提出要求。過了七天，直到紅氣球出現在家裡的時刻。

我問安棣，是不是看到紅氣球而想起了奶嘴，他點點頭。我告訴春蘭，安棣真正懂得這部電影。孩子的心，有時（或者該說多半的時候）敏銳過於成人，他們能捕捉到事物最本質的地方，安棣的奶嘴和男孩的紅氣球，不就是如此嗎？

第二天，問安棣想不想再看一次《紅氣球》，他拒絕了，理由是：不敢看那個壞男孩踩破紅氣球。安棣在昨天觀看後半段的漫不經心，也得到解答了。漫不經心，並不是他沒耐心看影片，而是孩子純真的心靈，

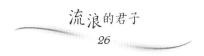

對世間殘酷物語的抗議與不安。

十二

　　作家李黎曾經為了當時兩歲的孩子，在巴黎之旅時，特意到影片拍攝的實景地，去尋找紅氣球的蛛絲馬跡。李黎一定知道，她不只是為了孩子，也是為了自己，上下求索，找尋那個牽動人心的紅氣球；李黎也一定知道，紅氣球其實不只飄在巴黎城區的一角，也飄在每個人的內心深處。因此，李黎在文章的最後寫道：

　　　　每一個在童年都曾擁有過又失去過一個美麗的紅氣球
　　　　的大人和孩子，在他們的睡夢和記憶裡，雪靜靜落著。

　　尋找紅氣球，是一程沒有疆界、沒有終點的漫漫長路，這條路穿梭在真實世界的空間裡，流竄在歷史的時間長河中，也奔跑在旅人內心的私密花園。這條路山重水複，卻難逢柳暗花明。

　我不知道我的紅氣球究竟在那裡？仰望穹蒼，四顧茫然，霧迷津渡，我彷彿看到紅氣球的模糊身影，飄在美濃的笠山腰際，飄在七星潭的海天一色，飄在武陵漁人的桃林迷途，飄在介山的熊熊烈燄，飄在首陽山上的隱者歌吟，還是……

　我在安棣的眼中，看見了紅氣球！

王健文

2001 年 2 月 14 日

《詩經》中說：「仰望著高峻的山嶺，行走於壯闊的周道。」我雖然無法企及那樣的境界，卻是衷心嚮慕。我讀孔子的著作，想像著他的為人。到了魯國，觀看仲尼家中的廟堂車服和禮器，又見到儒生們定期在那兒學習禮樂。我徘徊久之，不忍離去。天下之大，君王賢者，所在多有。享有一時的榮耀，卻不能留名於後世。孔子不過布衣百姓，傳承十餘世，學者尊崇。從天子王侯以降，中國有談論六藝的，莫不折中於夫子，可說是至聖了。

　　　　　　　　　——司馬遷《史記》〈孔子世家〉

流浪的君子

——孔子的最後二十年

楔　子

　　春秋晚期，黃河的下游河道較今日偏北，大約在今天的洛陽以東、鄭州以北處，折向東北，直奔今天的河北滄縣附近入海（西元前 602 年黃河改道後之路線）。當時的衛國，在西元前七世紀中，因避狄難而自河西遷居河東，夾河西面，原來狄人活躍的區域，大抵成為春秋霸權晉國的勢力範圍，隸屬晉卿范氏的采邑中牟，就在衛國向西，渡河約五十公里處。

　　兩千五百年前，在衛國西境，有位略顯滄桑的老者，身邊伴隨著若干青壯弟子，佇立在濁浪滾滾，滔滔東流的黃河邊上，浩歎河水湯湯，如時光之流逝難返：「逝者如斯夫，不舍晝夜。」

　　當這位老者駐足川上，沉思良久，而夕陽餘暉、蒼茫大地，逐漸浸入黯沉暮色，終至天地一片寂靜時，

他的心情可有幾分悲涼與惆悵？他是大喝一聲：弟子
們，打起精神，各自探訪津口，準備整裝渡河西進？
還是落寞地輕聲細語：大伙歇著，明日折返，再尋出
路吧？

　　四百年後，漢代大史家司馬遷記錄了這麼一段故事：

> 孔子既然不得用於衛國，將西見趙簡子。到了
> 黃河邊上，聽說竇鳴犢、舜華死於晉國。孔子
> 臨河而歎，說：「盛美啊河水！浩浩蕩蕩！我不
> 能渡河西進，是命定的事啊！」子貢趨進而問：
> 「為什麼這麼說呢？」孔子回答：「竇鳴犢、舜
> 華，是晉國的賢大夫。趙簡子未得志之時，必
> 須仰賴兩人而後能從政；到了他已得志，卻殺
> 了二賢者之後而從政。我聽過這麼個說法：『刳
> 胎殺夭則麒麟不至郊野，竭澤涸漁則蛟龍不合
> 陰陽，覆巢毀卵則鳳凰不飛翔。』何以如此？
> 那是因為君子諱傷其類。鳥獸之於不義，尚且
> 知道迴避，何況是孔某呢！」於是返歸陬鄉，

並作〈陬操〉之曲以哀悼。而後返回衛國，作客於蘧伯玉家。

君子諱傷其類，晉之二賢者為趙簡子所殺，孔子似乎從中預見了自己的命運。衛靈君不能用，趙簡子不可期待，孔子又方才離開故國不久，權臣跋扈、主君昏昧，理想的挫敗記憶猶新。四顧蒼茫，能不放聲大哭？

這還只是孔子流浪生涯的開端，從黃河邊上回頭之後，孔子又繼續他的流離歲月，直到約十年後，垂垂老矣的近七旬高年，才返歸故國。孔子七十三歲而終，在古代算是高壽，但是，他生命的最後二十年，大抵可以用「挫敗」、「流離」、「焦慮」、「傷懷」這些字眼來作註記。

「挫敗」與「流離」，來自於夢想與現實的落差過於鉅大，真誠的夢想家永遠是不合時宜，永遠要和他的時代對抗。因為「不合時宜」，因此他的努力註定是失敗的。而孔子的「知其不可而為」，讓他一生的故事更增添了無可排遣的悲劇意味。

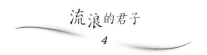
司馬遷這麼描寫孔子生命的終局：

> 孔子病重，子貢請見。孔子正拄著木杖逍遙於
> 門前，說：「賜啊，你怎麼來得這麼晚？」孔子
> 因此歎息而歌吟：「太山崩壞啊！梁柱摧折啊！
> 哲人凋萎啊！」吟罷而涕泣。對子貢說：「天下
> 無道太久了，沒有誰能聽從我的主張。夏人殯
> 於東階，周人於西階，殷人則於兩柱之間。昨
> 天晚間我夢見自己坐奠於兩柱之間，我的祖先
> 正是殷人啊。」七天後，孔子去世。

追逐夢想是孔子一生的志業，七十三年的歲月，
人間滄桑，只有讓孔子的夢想愈發是夢想，也許，只
有離開現實的世界，才是純淨的理想能夠停駐的另一
個天地。

孔子走的時候還平靜嗎？他能不抱憾而終嗎？孔
子曾說：「道不行，乘桴浮於海。」海上仙山其實只存
在夢想之中，而不是任何現實中的島嶼所能具體指涉

的。這麼一部遠在兩千五百年前，發生在遙遠的中原的失敗者的記錄，對今天生活在東海之外、美麗之島的讀者，能帶來什麼意義嗎？

「築夢」是必要的嗎？「逐夢」是必要的嗎？

流　離

於是選擇齊國城中女子美好者八十人，都穿著
華麗而擅樂舞，再加上文馬三十駟，饋贈給魯
君。陳列女樂文馬於魯城南高門外，季桓子微
服再三前往觀看，準備要接受這項厚禮，於是
假借請魯君在周邊道路行遊，往觀終日，怠於
政事。子路說：「夫子，可以走了罷？」孔子
說：「魯國今年的郊祭將至，如果郊祭後魯君能
致送膰肉給大夫，那麼我還可以留下來。」季
桓子終於接受了齊國的女樂，三日不聽政；郊
祭，又不致膰俎於大夫。孔子於是離去……

（孔子在衛國）待了沒多久，有人在衛靈公跟
前說孔子的壞話。靈公差遣公孫余假以兵仗出
入脅迫。孔子恐怕獲罪於靈公，待了十個月後，

離開衛國。……

在衛國待了一個多月，有一回，靈公與夫人同車，宦者雍渠參乘，一同出遊。卻使孔子為次乘（第二輛車），招搖路過市集。孔子說：「我從來沒見過愛好賢德如同愛好美色一般的人啊！」因此看不起衛君，離開衛國，路過曹國（往宋國去）。

孔子離開曹國到了宋國，與弟子習禮大樹下。宋司馬桓魋想殺孔子，拔去大樹。孔子離去。

孔子在陳國待了三年，正逢晉楚爭彊，交相攻伐陳國。後來再加上吳國也來侵擾陳國，陳國屢遭兵災。孔子說：「回去吧！回去吧！家鄉的年輕人志大而才疏，但樂觀進取，不忘其初衷。」於是孔子離開陳國……

靈公年老，怠於政事，不能用孔子。孔子喟然興歎：「如有國君能用我為政，一年小可，三年可以有所成就。」孔子行。……

又一天，衛靈公問軍陣行列的道理，孔子說：

「行禮如儀，我倒是懂得的，軍旅之事，卻從來沒學過。」第二天，衛靈公與孔子談話，仰視空中飛鴈，心不在焉。於是孔子離去，又到了陳國。……

（衛國大夫）孔文子將要攻打大叔，向孔子詢問策略。仲尼推辭以為不知。退出後，即命門人預備車駕而行。孔子說：「飛鳥能選擇棲止的樹木，樹木豈能選擇飛鳥？」文子堅持阻止。正好季康子驅逐公華、公賓、公林，以財禮幣請迎孔子，孔子乃歸魯。（《史記》〈孔子世家〉）

兒時初聞「孔子周遊列國」的說法，心中想到的是「環遊世界八十天」那般的浪漫旅行故事。那時只知道孔子是聖人、是萬世師表，受世人景仰，所到之處，自然是備受禮遇，風光至極。童稚的心靈，自然也無法想像，那是一趟集悲切、焦慮、困頓、危殆、時不我予的心情與遭遇於一身的漫長旅程。這次漫長而毫不浪漫的旅行，啟程時，孔子五十五歲；歸魯，

孔子已是六十八歲的垂垂老者！長路漫漫，甚至到孔子歸魯，仍然望不到終點。齊國陳恆弒簡公，孔子時年七十一歲，仍奮力作出最後一擊，卻難堪地只看見自己孤獨的身影，連一同行走十四載的弟子，這時都站在自己的對面。這趟孔子及其弟子的信仰之旅，到頭來，從政弟子卻與孔子分道揚鑣，孔子晚年的落寞心情，可以想見。

這是一段漫長且奇異的旅程，旅途的起點與終點不以空間範圍來界定，而是在追尋一個永遠的夢想。所以說是「永遠」的追尋，一則因為那樣的夢想是恆久顛撲不破的，二則因為那樣的夢想只存在於人們的想像之中，不是世俗世界可以落實的。

因為要追逐一個不存在於現實世界的夢想，旅行家沒有一個可以停駐的居所，只有不斷地追尋、離開，再追尋、再離開……。兩千五百年前孔子那長達十四年的壯遊，事實上就是一次又一次的流離故事。

齊景公待孔子，曰：「若季氏，則吾不能，以季孟之間待之。」曰：「吾老矣，不能用也。」孔子行。

　　魯定公十三年（西元前 497 年），孔子去魯，時年五十五。這不是孔子第一次流亡國外，早在魯昭公二十五年（西元前 517 年），孔子三十五歲時，魯國發生政變，郈昭伯與執政大夫季平子結怨，說服定公出兵攻打季氏。但季孫意如（平子）反而糾集孟孫氏與叔孫氏，三家共攻魯君。昭公不敵，出奔齊國，為齊景公收留於鄆，從此開始長達八年的流亡生涯，最後抑鬱而死，終身不得歸返故國。

　　孟僖子死於政變前一年，臨終遺命二子仲孫何忌（懿子）和南宮敬叔從學於孔子。而政變發生時，仲孫何忌才十五歲，主導參與政變的當是孟氏家宰。但是兩年後，仲孫何忌十七歲，與陽虎共同伐鄆（昭公流亡地），大概不能說不是出自其自由意志了。後世儒

者以仲孫何忌身為聖人弟子，竟如此大逆不道，憤怒而且不解。當然，我們不確知十七歲的仲孫何忌是否已師事孔子？我們也許也可猜測，魯定公九年（西元前501年）孔子出仕為中都宰，當時正值壯年（三十一歲）的何忌扮演了某種角色，但是如果認為身為孔子弟子，在政治實務上也不違夫子，那恐怕是對真實而複雜的歷史太天真的想像了。

　　昭公圖謀除去權臣不成，反遭驅逐，最終死於流亡晉國時的乾侯。昭公卒，晉國執政大夫趙簡子好奇地問史墨：「季氏大夫逐出他的主君，而人民順服，諸侯友善對待，國君死於境外，卻沒有人怪罪於他，這是為什麼呢？」史墨則以為：「天生季氏，與魯侯並立如同兩君，已經有很長的時日了。人民順服季氏，豈非理所當然！魯君世代失政，季氏世代勤政，人民早就遺忘了國君。雖然死於國境之外，又有誰會矜憐他呢？」（《左傳》昭公三十二年）昭公流亡於齊、晉之間，齊、晉兩國嘗試納昭公於魯失敗，而魯國內部除了臧昭伯從行，叔孫昭子事變後返國，斥責季平子，

並自行祈死外，似乎不起波瀾，平靜無事。昭公屢次試圖返國復辟，無功而退。季氏依然坐穩執政地位，八年之中，國內無君，魯國也未見如何動盪。趙簡子與史墨的對話，當是實錄。但是在曾經批評季孫意如「八佾舞於庭，是可忍也，孰不可忍也？」（《論語》〈八佾〉）致力維護封建禮樂秩序的孔子來說，臣逐其君，當然是比起「八佾舞於庭」更加「不可忍」的事變。因此，三十五歲的孔子開始了他一生中的第一次流離，到了齊國。（相傳孔子在適齊之前，曾與南宮敬叔同赴周問禮於老子，歷代學者聚訟紛紜，意見不一，我以

圖1　孔子見老子畫像磚

圖2　老君巖　　　　　　　圖3　孔子入周問禮處

圖1、2、3　孔子是否曾經問禮於老子？一直是個學界議論不定的問題。圖1為漢代山東嘉祥出土的「孔子見老子畫像磚」。圖2則為福建泉州的老君巖石刻，這是宋代難得的巨型石刻佳作。河南洛陽仍保存有「孔子入周問禮處」遺址（圖3），不論是否歷史事實，至少那反映了傳統中國人的特殊歷史記憶。

為此事可能性不高，當為戰國道家者虛構的故事。）

　　孔子適齊，是為了避亂？還是「義不臣季氏」？其實我們不是很清楚，但顯然他不是跟隨著魯昭公的流亡小政府，而是到了齊國都城。孔子的行止去取，也許可以單純解釋：只因為孔子此時尚未出仕，沒有可

以追隨魯君的身分。但是，觀孔子一生，儘管無時或忘批判違禮僭越的世卿權臣，大聲疾呼地倡議要恢復封建秩序，但是卻從來不曾對哪位國君歌功頌德，效其私忠。因此，更合理的解釋，應該說是孔子捍衛的是秩序本身，而非其中的任何一個特定角色。

　　孔子在齊國待了多久？沒有很確切的資料，錢穆以為就只一年，待魯國亂事稍定後即返魯。孔子在齊，曾與景公論政，告以「君君、臣臣、父父、子子」的道理。但是孔子在齊國有沒有出仕的機緣？或者說，孔子在齊，是否主動尋求出仕的可能？《論語》〈微子〉篇曰：「齊景公斟酌對待孔子的規格，他說：『如果要比照季氏在魯國的地位，那是辦不到的；也許可以介於季氏與孟氏之間吧？』後來又說：『我年紀大了，沒法再重用你了。』孔子於是離去。」《史記》〈孔子世家〉甚至有齊景公欲以尼谿田封孔子，而晏嬰沮之之說。晏嬰沮孔子之說，崔述辨之已詳，絕不可信。而齊景公是否曾經想重用孔子，後來為何又藉口年邁而斷念呢？

　　《史記》〈孔子世家〉記載，魯昭公二十年（西元
前 522 年），孔子三十歲時，齊景公與晏子適魯，孔子
曾與景公見面，景公問秦穆公得霸緣由，孔子答以秦
國小志大，處僻行正，又能起百里奚於纍紲之中而用，
「雖王可也，其霸小矣。」五年後，由於昭公奔齊，
孔子也到了齊國，為高昭子家臣，欲以通乎景公。果
然與景公論政說禮，深得景公賞識，有意重用。之後
才有晏嬰沮之，齊大夫害之，以致孔子失去了在齊國
鷹揚的機會。

　　這樣的敘述是啟人疑竇的。魯昭公二十年，《左
傳》中的確有關於孔子與景公的記載，那是孔子批評
琴張（孔子弟子？）弔祭宗魯的不當；以及齊景公染
上皮膚病，期年而未癒，欲誅祝、史以謝鬼神，晏嬰
阻止此事，並勸景公脩德，庶幾免於億兆人之詛咒；
還有當年十二月時，景公田獵於沛，違禮而招虞人以
弓，孔子聞之而稱道虞人「守道不如守官」；景公返，
晏嬰由飲食引申至政治，提出了「和而不同」的讜論。

　　孔子當時年方三十，景公是鄰近魯國的大國之君，

晏嬰是齊國的元老重臣，正直君子。兩人相偕入魯問禮於孔子，是不可思議的事。《春秋》經傳只提到景公田獵於沛，這是景公當年唯一離開齊國都城的記錄，晏嬰亦未從行。孔子論虞人守官之事，顯係風聞而評論，並非親見其事。青年時期的孔子，仍未到知天命之年那樣有著「歲不我與」的急切心情，是否會對這麼一位平庸的國君有所期待，是值得懷疑的。

　　如果孔子對齊君無所期待，那麼，去魯適齊，既不是追隨魯君，效其私忠；也不是尋求在齊國的出仕機會；而只是單純的避亂，或者再加上是對季氏的抗議吧！待得魯國情勢稍定，孔子即返魯，其中未必有齊國大夫忌才、景公許而未用之事。孟子說「孔子離開齊國，連洗好的米都等不及炊煮，匆匆用手接了，就急著動身。」（《孟子》〈萬章下〉）告別齊國，毫無留戀之情，應是對孔子當時心境的精確描寫。

桓子卒受齊女樂，三日不聽政；郊，又不致膰俎於大夫。孔子遂行。

孔子去齊之後十六年，在過了知天命之年後，有點驚奇地，天命似乎轉向，給了孔子他一生中唯一的機會，不清楚究竟為什麼，孔子似乎得到了定公和季桓子兩人的信賴與重用，從中都宰到大司寇，進行了三年的新政。

《史記》〈孔子世家〉中記載：

> 後來魯定公以孔子擔任中都宰，一年，四方來取法。孔子由中都宰升遷為司空，又由司空升遷為大司寇。……定公十三年夏天，孔子向魯定公建言：「為人臣者，不應私藏甲冑，大夫不得營建廣達三百丈的城邑。」孔子遣仲由（子路）任季氏家宰，展開墮毀三大違制城邑的行動。

《左傳》和《公羊傳》在魯定公十二年（西元前 498 年），也都提到了關乎孔子政治生命的關鍵事件——「墮三都」：

> 仲由（子路）為季氏家宰，將墮三都。《左傳》

> 李孫斯、仲孫何忌，率軍墮毀費城。何以要率軍墮毀邱城？率軍墮毀費城？孔子當時深得季氏大夫重用，三月之內，言聽計從。孔子說：「私家不藏甲冑，城邑不得廣達三百丈。」於是率軍墮邱，率軍墮費。《公羊傳》

〈孔子世家〉將「墮三都」的啟動，繫於魯定公十三年夏，由《左傳》校訂，顯然是錯誤的。這件春秋歷史上的大事，應當始於魯定公十二年夏，終結於冬十二月，魯定公圍成弗克，無功而返。

孔子汲汲於行道，恢復封建禮樂秩序，唯一的機會就是魯定公十二年（西元前 498 年）的「墮三都」。

這是整個春秋時代，僅見的由國君和強宗世卿聯手，打擊「大都耦國」、「陪臣執國政」的僭禮現象。春秋以來封建秩序一路傾頹敗壞，這也是第一次力挽狂瀾的壯舉。

如同滔滔洪流中的砥石激起的巨浪般，大江東流既是一代氣運所鍾，浪花跌落也只空留嚮慕舊秩序的保守者以萬分惆悵。「墮三都」之所以看似頗成氣候，只是因緣湊合，歷史意外的走上潮流之外的歧路，曇花一現地，迅即回到原來的軌道。孔子時為大司寇，子路為季氏宰，師生二人深受定公與執政大夫季桓子的重用。正值前幾年，費宰公山不狃等不得志於季氏，與陽虎共謀去三桓，季桓子還曾經在魯定公五年（西元前 505 年）為陽虎所執；而魯定公十年（西元前 500 年）叔孫氏家臣侯犯以郈叛。因此季孫、叔孫二家都深感於家臣勢凌大夫的危機，孔子與子路在此時所提出的「墮三都」正好合乎了各方的意圖（儘管各方意圖的方向可能是不一致的）：孔子要端正封建秩序，季氏、叔孫氏要對付坐大的家臣，魯君也可藉此

伸張自己的權勢。

　　所以「墮三都」事件，並不是單純在「行道」的意圖上的實踐，甚至可以說，這個因素在政治權力場上，只是最微弱的聲音。等到孟孫氏開始抗拒時（因為墮成並不符合他的利益，孟懿子仲孫何忌還是孔子的學生呢），墮三都之事乃功敗垂成。一般認為，孔子也因此事件的急轉直下，黯然下臺，終至於魯國不再給他任何機會，只有往外尋找新的可能。但是，歷史的潮流，時代的主流價值，對照著孔子的「不合時宜」，孔子再也沒有第二次的機會了。

　　〈孔子世家〉對孔子之去魯，歸諸齊國因懼怕孔子得志於魯，魯國國勢必盛，故而從中破壞，贈女樂於魯，魯君和季桓子因而荒廢政事，孔子有志難伸，不得已而去魯。這樣的說法恐怕是後世儒家刻意誇張孔子在現實政治上的卓越成就，與當時的歷史實情不合。

　　孔子政績的「神話」，如〈孔子世家〉中記載：

　　定公十年春天，魯國與齊國重修舊好。夏天，

齊國大夫黎鉏向齊景公進言:「魯國重用孔丘，勢必危及齊國。」景公於是遣使者邀約魯國在夾谷進行和平會談。……景公懼怕，知道自己在道義上不如對方，歸國後感到惶恐，告訴身邊臣子:「魯國大臣以君子之道輔佐其君，而你卻以夷狄之道教導寡人，使我得罪於魯君，怎麼辦呢?」官員進而應對:「君子犯了過錯，則以具體的物事謝罪;小人犯了過錯，則以虛偽的文辭謝罪。國君如果真心要補過，那麼得有實質的表示。」於是齊侯歸還過去侵奪魯國的鄆、汶陽、龜陰之田以謝過。

(孔子)於是誅殺亂政的魯國大夫少正卯。孔子與聞國政三個月，賣羔豚的小販不亂開價;男女在道路上分別行走;路不拾遺;四方行旅來到魯國，不必擔心找不到相關官吏，如同在自己家鄉一般親切。齊人聽說了魯國的情形而感到懼怕，說:「孔子為政必然使魯國稱霸，魯國稱霸而我國就在鄰近，恐怕會首先遭到兼併。不

如先贈地給魯國吧？」黎鉏說：「還是先嘗試破壞魯君對孔丘的信任；不成再贈地還不算遲！」

第一段中說的是孔子在夾谷之會中的表現，義正辭嚴，讓齊景公感到羞愧，故歸所侵魯之鄆、汶陽、龜陰之田以謝過。第二段則巫言孔子三月之中，幾乎在魯國創造了大同世界，齊人懼而欲先割地以避禍。

我們不妨來看看《左傳》怎麼記錄夾谷之會中齊魯雙方的外交折衝：

> 將要盟誓。齊人在盟約的「載書」上寫著：「齊國軍隊出境，魯國若不以甲車三百乘追隨從命，依盟約而懲處。」孔丘遣茲無還作揖而對：「齊國若不歸還我國汶陽之田，我國聽命於齊國的事，也比照辦理。」

孔子基本上是以歸還齊國侵魯所得汶陽之田，作為齊、魯兩國訂定盟約，魯國承諾成為齊國附從國的交換條

件。齊國歸魯田邑，純粹只是外交籌碼，怎能是因齊
君道德上的羞愧而拱手奉上？

　　齊、魯儘管相互侵軼，但齊大魯小的格局是個長
期不變的歷史事實。短短幾年間，齊、魯國勢消長至
於齊國懼怕為魯國所兼併，主動割地求和，恐怕是在
其他史料中都找不到任何佐證。司馬遷這段記事發生
在魯定公十四年（西元前 496 年），誤，孔子去魯當為
魯定公十三年（西元前 497 年），也就是在「墮三都」
功敗垂成之後不久的事。「墮三都」失敗，孔子已失去

圖 4　齊景公時殉
馬坑。在今山東省淄
博縣齊國墓葬中的
大型殉馬坑，殉馬一
百多匹，多為戰馬，
可見齊國當時國力
強大，軍容壯盛。

季桓子的信任，即使曾有所謂「孔子行乎季孫，三月不違」的好光景，也成明日黃花。不待齊人沮之，孔子在政治的路上，遭遇重大的挫敗，已是不可挽回的事實了。

　　孟子說：「孔子離開齊國，連洗好的米都等不及炊煮，匆匆用手接了，就急著動身。但是孔子離開魯國時，說：『遲遲吾行也。』這正是離去父母國的適當態度。」（《孟子》〈萬章下〉）魯定公十三年，孔子五十

圖5　孔子離魯。孟子說孔子「去魯，曰：『遲遲吾行也。』去父母國之道也」。圖為華視單元劇集《孔子的故事》劇照。

五歲，他終於離開魯國，開始了長達十四年的流亡生涯。當二十六歲的青年冉有駕著馬車，逐漸遠離故國時，孔子流連再三，徘徊久之。也許性格堅毅的孔子不會因此而落淚，但是如果他當時就知道，此去一別，就是十四個年頭，他心裡可會有些猶豫？

「五十而知天命」的孔子，是未出仕前的孔子，

圖6　曲阜魯國故城城垣遺址。孔子一生除了壯年時到齊國將近一年，老年時周遊列國十四年外，幾乎所有的時光都在這裡渡過。

是那「循道彌久，溫溫無所試」（修道良久，卻鬱鬱不得志，始終不得任用）的孔子。五十一歲時，老天對孔子開了一個大玩笑，讓他在「行道」無望之時，有了第一次的機會，而且看似不錯的機會，但也是最後一次的機會。孔子政治生命中僅有的一千個春天，很快地繁花落盡，走過秋涼、進入嚴冬。而潘朵拉的盒子一旦打開，「行道」的歷史使命再也無法禁錮，孔子的晚年，墜入了一個不可自拔的深淵，至死不休。

吾未見好德如好色者也。

當青年冉有的馬車，揚起漫天風塵，漸次遠離了魯國的邊境，進入衛國東境時，《論語》〈子路〉篇留下了這樣的記錄：

> 孔子到衛國去，冉有為他駕車。孔子讚歎：「百姓真是眾多啊！」冉有問：「百姓眾多，再來還需要什麼呢？」孔子說：「讓百姓富有。」冉有

　　又問：「百姓既已富有，再來又如何呢？」孔子
　　說：「施予教化。」（《論語》〈子路〉）

「庶」、「富」、「教」的施政三部曲，後來成為理解儒
家政治思想的重要典範。孔子這時的心情大概是懷抱
著期待吧！

　　孔子也許未能料到，他後腳才離開魯國的泥淖，
前腳就跨進了衛國近二十年的混亂中。孔子第一次到
衛國時，衛靈公已在位三十八年，正寵幸夫人南子。
南子，宋國女子，與宋國公子宋朝有私情，並在朝中
結黨，頗成一方勢力。這一年（魯定公十三年，西元
前 497 年），衛大夫公叔戌因富厚太甚，又不能謹尊臣
禮，為靈公所嫌惡。公叔戌圖謀除去夫人之黨，南子
卻先下手為強，指控公叔戌將謀叛亂。因此，次年春
天，公叔戌為靈公逐出衛國，奔於魯國。

　　這年秋天（魯定公十四年，西元前 496 年），衛大
子蒯聵使齊途經宋國，宋國野人作歌曰：「既定爾婁
豬，盍歸吾艾豭。」婁豬，求子豬，喻南子；艾豭，

姣好的公豬，喻宋朝。換言之，宋野人之歌，正譏諷南子與宋朝的淫亂。蒯聵聞之羞愧難堪，乃使其家臣戲陽速殺南子，戲陽速不從，南子向靈公哭訴，於是蒯聵出奔，託庇於晉國執政大夫趙簡子。三年後（魯哀公二年，西元前 493 年），衛靈公卒，蒯聵子輒繼立為君。父子相殘的戲碼不變，只是向下延伸了一代，由靈公、蒯聵父子不和，轉為蒯聵、輒父子兵戎相向，爭權奪位。再十三年後（魯哀公十五年，西元前 480年），蒯聵終於回國演出了「王子復仇記」，而他的「復仇」竟是趕走了自己的兒子，搶得國君權位。

　　孔子初至衛國，即相繼遇上了公叔戌被逐與大子蒯聵出奔的政治動亂。〈孔子世家〉以為孔子初適衛，居十月，受人之譖，因恐獲罪於衛靈公，故去衛「過匡」，匡人誤以孔子為陽虎，遂拘止孔子五日。又以孔子於魯哀公二年（西元前 493 年），自陳返衛途中「過蒲」，會公叔戌以蒲叛，又止孔子，孔子與蒲人盟而出，返至衛，這時是衛靈公在位的最後一年。之後孔子又南行適陳、蔡、楚諸國，於魯哀公六年返衛，自

此孔子長居衛國，即使曾經有去衛西入晉國的念頭，但終未成行。

　　錢穆認為《史記》關於孔子這段行止的敘事錯亂，他大膽地推斷「過匡」、「過蒲」為一事兩傳，「匡」、「蒲」兩地相近，皆在衛國南方，是往鄭、宋兩國必經之邑。「過匡」、「過蒲」，皆魯定公十四年（西元前496年）春，與公叔戌據蒲叛衛之事相涉。《論語》中記載的「子畏於匡」，即〈孔子世家〉所謂「過蒲」之事。孔子於魯定公十三年（西元前497年）春去魯適衛，居十月，去衛，時間上亦吻合。（錢穆，《孔子傳》）

　　錢穆對〈孔子世家〉的辨正是可以接受的。孔子因相貌疑似陽虎而為匡人所拘禁，公叔戌在被逐之後三年，又據蒲而叛，都是可疑的記事。而孔子蒙難於匡（從《論語》，匡近於蒲，解為「過蒲」亦可通），終脫困而返居於衛，大致沒有異說。

　　孔子為什麼居衛十月後，要離開衛國都城往南方走？他想去哪裡呢？「畏於匡」的真正原因是什麼呢？這些問題恐怕不易有確切的答案。但是，孔子自匡返

衛後，曾仕於衛靈公，在衛靈公去世之年（魯哀公二年，西元前 493 年），終又離開衛國，往南方的陳、楚尋求行道的可能性，大概是可以確定的。

衛國大夫王孫賈曾問孔子：「與其取媚於奧（室西南隅，尊者所處，喻地位崇高者），寧可取媚於灶（奧尊而灶賤，「灶」喻位卑權重者），為什麼這麼說呢？」孔子說：「都不當取媚，如果獲罪於天，再怎麼祈禱也是枉然。」（《論語》〈八佾〉）「奧」，是居室幽微深隱之處；「灶」，或言其卑辱，或喻為實際掌政事者。這句話歷來眾說紛紜，錢穆以為王孫賈疑孔子欲因南子以求仕，故「謂與其借援於宮闈之中，不如求合於朝廷之士。」（錢穆，《孔子傳》）今從其說。《論語》〈雍也〉云：「孔子會見南子，子路很不高興。孔子信誓旦旦地說：『予所否者，天厭之！天厭之！』」孔子與南子的會面，顯然引起了子路和王孫賈的質疑。〈孔子世家〉中對此事的說法是，南子堅持要見來訪的君子，孔子「辭謝，不得已而見之」。換言之，孔子居於被動，只是於禮難辭。若是我們想到，當孔子居魯未仕

圖7 衛靈公夫人。孔子在衛國，曾經與衛靈公夫人南子會面，子路不悅，使得孔子指天立誓以明志。南子深受靈公寵幸，權重一時。孔子因此感歎：「吾未見好德如好色者。」

之時，陽貨欲見孔子，孔子雖然不願意，卻仍依禮回拜賜豚於自己的大夫的前例，司馬遷的記載當可信。

　　兩千五百年後的今天，回首看衛國政治上的紛亂，對南子所扮演的角色，還從「牝雞司晨」的角度批判其淫穢亂德，翻雲覆雨，是該重新檢討了。但是在說出「唯女子與小人為難養也，近之則不遜，遠之則怨」（《論語》〈陽貨〉）那樣「政治不正確」的孔子眼中，恐怕絕非他願意援借以尋求衛靈公重用的橋梁。〈孔子世家〉又這麼述說孔子在衛國所遭受的屈辱：

在衛國待了一個多月，有一回，靈公與夫人同車，宦者雍渠參乘，一同出遊。卻使孔子為次乘（第二輛車），招搖路過市集。孔子說：「我從來沒見過愛好賢德如同愛好美色一般的人啊！」因此看不起衛君，離開衛國，路過曹國（往宋國去）。

　　如果孔子在靈公之世去衛南行只有兩次的話，第二次是魯哀公二年（西元前493年）「靈公問陳」，「目視蜚鴈」之後，孔子南去陳、蔡，直到魯哀公六年（西元前489年）才返衛。那麼，孔子第一次離開衛國，則當在此事之後。（而西行欲見趙簡子，則當在自匡返衛後，二次去衛前不久。）這一次，是不是就是「畏於匡」為匡人所拘的那次呢？若如前所述，「過匡」、「過蒲」為一事兩傳，與公叔戌據蒲而叛有關，那麼，孔子與南子的關係，是否的確在衛人間引起了一些揣測，以致公叔戌之黨以為孔子是支持靈公、南子的呢？

　　孔子三十五歲，於三家共逐昭公亂事中去魯，也

許純粹只是「亂邦不居」的避難之旅。五十五歲，在政治事業上的大挫敗後，黯然下野，揮淚告別故國。但是這一次，卻更為不堪。他不是在奮力一擊後，悲壯地離去，而是根本不被當一回事。甚至，孔子走不走，也許都不是衛靈公在意的事。當孔子說：「吾未見好德如好色者也。」（《論語》〈子罕〉、〈衛靈公〉）時，心中憤恨之情，可以想見。

孔子去衛，據〈孔子世家〉，他這時到了南方的陳國，待了三年，因吳再伐陳而返衛（魯哀公二年，西元前 493 年，衛靈公卒歲）。途中經蒲，受困於公叔戊之黨。返衛後，與靈公有短暫的相處，卻又「道不同，不相為謀」，在靈公去世前，再度去衛適陳。但是，不管是崔述、錢穆還是杜正勝，都認為〈孔子世家〉孔子兩度去衛適陳是錯誤的，孔子只在靈公卒之歲（西元前 493 年）真正離開衛國，南下過曹、經宋至陳。因此，靈公好色而不好德，「孔子醜之，去衛」之後，比較可能的是畏於匡、蒲，受阻無法南行，不得已，只好再回到衛國，又待了三年。（錢穆，《孔子傳》；杜

正勝，〈流浪者之歌〉）

　　衛靈公在這幾年當中，積極介入晉國趙氏與范氏、中行氏的內戰，會齊救范氏，與晉執政大夫趙氏為敵，當然這應當和趙氏支持流亡的大子蒯聵有關。因此，靈公心中真正關心的是如何揚其軍威、張其國勢：

　　　　衛靈公問軍陣行列的道理，孔子說：「行禮如儀，我倒是懂得的，軍旅之事，卻從來沒學過。」第二天，孔子離去。（《論語》〈衛靈公〉）

同樣的一件事，在〈孔子世家〉中，又多了個後續的記事：

　　⑴衛靈公問軍陣行列的道理，孔子說：「行禮如儀，我倒是懂得的，軍旅之事，卻從來沒學過。」第二天，衛靈公與孔子談話，仰視空中飛鴈，心不在焉。於是孔子離去，又到了陳國。……

⑵靈公年老，怠於政事，不能用孔子。孔子喟

然興歎：「如有國君能用我為政，一年小可，

三年可以有所成就。」孔子行。

這幾段記載，說的當是同一件事，就是西元前 493 年

孔子離開衛國的原因。看來，靈公即使不好色，孔子

所談的禮樂制度，也絕非其所能好。或者該說，不只

是衛靈公，恐怕被孔子視為「斗筲之人」的「今之為

政者」， 正前仆後繼地走在那條逃離封建禮樂的道路

上。孔子踽踽獨行，只能和行路匆匆的權貴不斷擦身

而過，張口欲言，對面走過的行人或者神色漠然，或

者始終不能同調。

　　孔子晚年居魯時 ，仍與季康子亟言靈公之 「無

道」。其實，孔子一生中什麼時候遇到了真正的「明

君」呢？楚昭王曾經是孔子寄予厚望的國君，但是，

孔子南遊，未能得見昭王，昭王即卒於城父。如果，

孔子真見到了昭王呢？（〈孔子世家〉稱楚昭王欲封孔

子七百里書社地，為令尹子西所沮，不可信。） 真能

君臣相得，力行周公禮樂，重返歷史淨土嗎？

　　也許，待訪的君子，永遠等不到聖明的君王，才是現實世界不二的真相。兩千多年後的黃宗羲，不也重複了孔子的等待嗎？

歸與！歸與！吾黨之小子狂簡，斐然成章，不知所以裁之。

　　衛國之外，孔子待得最久的是陳國。從衛國到陳國的旅行，險阻重重。「去衛過曹，去曹適宋」，在宋國，不知為什麼宋大夫桓魋想要殺孔子？孟子說：「孔子在魯國、衛國都不受歡迎，又聞宋國司馬桓魋要殺了自己，於是微服而過宋。」（《孟子》〈萬章上〉）孔子在這次的危難中，堅定而無懼地說：「天生德於予，桓魋其如予何？」（《論語》〈述而〉）正如同在畏於匡時，孔子也這麼豪氣萬千地說：

　　　文王早逝，文德豈非著落到我身上。如果天要

滅了這樣的文德，又怎會讓我來參與這文德的
發揚呢？如果天不想滅了這文德，匡人又能奈
我何？(《論語》〈子罕〉)

六十歲以前的孔子，始終頑固地不向命運低頭，
也始終堅定地尋找現實中的政治出口，遭逢任何困厄，
他總是相信，只要「天未喪斯文」，只要老天還不想讓
這個世界徹底毀壞，他的理想終有實踐的一天。路程
曲折，百轉千迴，前路雖遙，卻是可以瞻望、可以期
待的。

這樣的信心，在幾年後似乎已消逝無蹤。當孔子
在陳國，喃喃地道：「回去吧！回去吧！家鄉的年輕人
志大而才疏，斐然成章，卻不知如何裁正。」(《論語》
〈公冶長〉)孔子開始有了想「回家」的心情。〈孔子
世家〉把孔子這樣的感慨，放在季桓子卒，季康子繼
立，召冉有(求)歸魯而重用的時候：

秋天，季桓子病重，乘輦而見魯城，喟然興歎，

說：「昔日吾國眼看幾乎就要興盛了，卻因我獲
罪於孔子，而錯過良機。」回頭對將繼嗣的康
子說：「我死之後，你必為魯相；等到你相魯之
後，務必召回仲尼。」幾天後，桓子逝去，康
子代立。葬禮結束，季康子想要召回仲尼。公
之魚說：「昔日先君不能始終如一地重用仲尼，
終為諸侯所笑。今天又重用之，如果不能有始
有終，勢必再受諸侯訕笑。」康子說：「那麼可
以召用誰呢？」公之魚說：「必須召冉求。」於
是派遣使者召喚冉求。冉求將有遠行。孔子說：
「魯國召回冉求，不只是小用而已，將要重用
他啊！」同一天，孔子說：「回去吧！回去吧！
家鄉的年輕人志大而才疏，斐然成章，卻不知
如何裁正。」子贛知道孔子想回去；為冉求送
行時，乃告知冉求：「若能有所用，必得招孔子
回魯國。」

這段記事有幾個要商榷的地方。首先，季康子召

冉求，冉求歸魯的時間是哪一年？季桓子卒於魯哀公
三年（西元前 492 年）秋，及葬，季康子謀召冉求。
冉求在當時就自陳歸魯嗎？〈孔子世家〉是這麼說的：
「冉求離開後，第二年，孔子自陳遷居於蔡。」孔子
自陳遷蔡，司馬遷定在哀公四年。但是，《論語》〈述
而〉中記冉有問「夫子為衛君乎？」子貢因此問孔子
對伯夷、叔齊的評價，而得到了「夫子不為也」的結
論。〈子路〉也記載子路問：「衛君待子而為政，子將
奚先？」孔子答以「必也正名乎！」這兩段對話的背
景，都是衛出公輒與其父衛莊公蒯聵之間國君保衛／爭
奪的政治鬥爭，那是在孔子於哀公六年（西元前 489
年）秋自陳返衛之後的事了。而「正名」之說，司馬遷
繫於哀公十年（西元前 485 年）。而《左傳》哀公七年
（西元前 488 年）夏，魯哀公會吳，吳來徵百牢，季康
子使子貢辭，可知當時子貢已返魯出仕。《左傳》哀公
十一年（西元前 484 年），齊師伐魯，冉有為季氏宰，
在那次防衛戰中立下大功，樊遲也在陣中。季康子之所
以願意召孔子歸魯，恐怕和冉有這次的重大貢獻有關。

　　綜合上述資料，冉有、子貢於哀公六年至七年間，仍伴隨孔子在衛。子貢於哀公七年時已在魯，冉有歸魯時間不明確，但是在哀公十一年他已深受季康子重用，歸魯宜有一段時日。子路則於哀公十年之後才返魯。因此冉有於哀公三年歸魯，乃至於子貢誡以「即用，以孔子為招」的說法，也許不正確。

　　至於季桓子臨終，悔不用孔子，故而遺命康子召孔子，然為公之魚所沮之事，我還是認為那是後世儒者虛構出來的「孔子神話」。齊景公欲用孔子，為晏嬰所沮；楚昭王欲用孔子，為令尹子西所沮；就是同樣的「神話」主題的反覆。孔子的一生，恐怕「莫己知」才是真正的主調，而不是「知」而後受「沮」。

　　但是，孔子在陳的「歸與」之歎，深刻地說出了這位固執的老者也有疲憊想休息的時候。衡諸孔子浪跡河、淮之間的行止與遭遇，如果說孔子開始有了想回家的心情，不久後，整理沉重的行囊，北上居衛，伺機歸魯，應該是合理的推測。換言之，魯哀公六年（西元前 489 年），孔子六十三歲，在經歷了多次的期

待落空，浪跡河、淮之間，屢逢危殆；徘徊於衛、宋、陳、蔡、楚諸國道路上，所遇不合；同時，孔子年歲也漸漸老去了。五十之年的孔子，已有「歲不我與」的焦慮，到了六十三歲，還能有多少光陰可以在空等中虛擲？孔子開始認真思考另一種可能，在「行道」不可期的時候，也許「藏道」或「傳道」是他不得已必須要選擇的唯一的道路。「吾黨之小子狂簡，斐然成章，不知所以裁之。」裁正後生小子，孔子又回到他前半生「傳道、授業、解惑」的舊途。

自陳至衛，還要等到五年之後，孔子才真正如願返魯。居衛的最後五年，依孟子的說法，既非與季桓子的「見行可之仕」，亦非與衛靈公之間的「際可之仕」，卻只是衛孝公（出公輒）的「公養之仕」。(《孟子》〈萬章下〉) 孔子對衛出公輒是不抱期待的，在衛國的最後五年，只是孔子歸魯中途居停的處所。這五年當中，〈孔子世家〉幾乎無事可記。由於衛國近魯，子貢、冉有、子路，相繼返魯，開啟孔門弟子在魯國政壇上的第二春。但是孔子生命中最後的挫敗與落寞

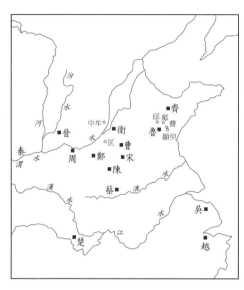

圖 8　春秋晚期
列國地圖。孔子及
其門人周遊列國，
歷經魯、齊、衛、
鄭、陳、蔡……各
國，足跡踏遍了當
時的半個中國。

孤寂，也因此而漫天襲來。

鳥能擇木，木豈能擇鳥乎！

　　孔子最後歸魯的關鍵，應當是子貢、冉有等弟子
在魯國屢建功勛，獲得季康子的信賴，特別是魯哀公
十一年（西元前 484 年）郎之戰，三家大夫之間互有
心機，孟氏、叔孫氏不想出兵共禦外侮。冉有言辭機

鋒，智激二氏，使得三家得以一心禦敵。作戰時，冉
有指揮若定，大敗齊師。在這次戰事中，冉有可謂是
魯國與季氏轉危為安的靈魂人物。郎之戰在春天，這
年冬天，孔子自衛歸魯，冉有、子貢自當在裡頭扮演
了重要的角色。

　　魯哀公十一年（西元前 484 年），衛國大夫孔圉
（大子蒯聵的姊夫，其子孔悝即日後子路之主君，蒯
聵入衛之役，子路為孔悝赴難死）與大叔疾結怨，原來
只是因為宋子朝出奔，孔圉強出大叔所娶宋子朝之女，
以己女妻之，但大叔仍與前妻藕斷絲連，如有二妻。
孔圉大怒，欲攻大叔，訪於孔子，《左傳》這麼記載：

　　（衛國大夫）孔文子將要攻打大叔，訪於仲尼。
　　仲尼說：「你若問我祭祀禮儀，我是學過的；若
　　問軍旅甲兵之事，抱歉，那不是我所學的。」
　　退出後，即命門人預備車駕而行。孔子說：「飛
　　鳥能選擇棲止的樹木，樹木豈能選擇飛鳥？」
　　文子急忙阻止，說：「圉（孔文子名）豈敢只為

自己打算，我為的是防止衛國的禍患。」孔子考慮留下。正好魯國用財禮來召請他，於是孔子就回到魯國。

魯哀公十五年（西元前 480 年），孔圉卒，謚為文子，子貢問夫子：「孔文子何以謂之文也？」孔子回答：「敏而好學，不恥下問，是以謂之文也。」（《論語》〈公冶長〉）換言之，孔圉還是孔子稱道的衛國君子，竟因兒女私務，要大興甲兵。孔子終於徹底絕望，結束了十四年的自我放逐，回到睽違許久的故國。

孔子以一句「鳥能擇木，木豈能擇鳥乎！」寫下了流亡生涯的句點。「鳥能擇木」，意味著君子自己才是行動與抉擇的主體，然而當「繞樹三匝，無枝可依」的時候，這樣的主體意義及其尊嚴，是否會失去了著落呢？君子的意志如同飛鳥一般，振翅翱翔，自由自在，但是飛鳥終究要棲止在林木之上，鳥雖能擇木，而林木之形相，卻不是鳥所能決定的。

也許，一切夢想家的悲哀就在這裡吧！

我待賈者也

　　對孔子這樣的夢想家來說，夢想的實現，必須決定於外在世界的配合，尤其是，「道」的實踐，必須藉由政治權位的發動，博雅君子唯一的憑藉是知識，但是知識卻缺乏自我實踐的能力，實踐的動能在權力，從孔子以來的儒家莫不如此理解。因此，「知道」只是「行道」的必要條件，而非充分條件。

　　根本的問題是：在一個「無道」的時代，「知道」的有德君子該如何自處？更根本的問題是：世界既已「無道」，那麼，「行道」如何可能？

直哉史魚！邦有道，如矢；邦無道，如矢。君子哉蘧伯玉！邦有道，則仕；邦無道，則可卷而懷之。

孔子曾經多次談到「邦有道」與「邦無道」兩種不同情境之下，所當守的倫理。有的直接以說理表述，有的則以對人物的評價明志：

憲問恥。子曰：「邦有道，穀（得到俸祿）；邦無道，穀，恥也。」（《論語》〈憲問〉）

子曰：「邦有道，危（高峻）言危行；邦無道，危行言孫（謙退）。」（《論語》〈憲問〉）

子曰：「篤信好學，守死善道。危邦不入，亂邦不居。天下有道則見，無道則隱。邦有道，貧且賤焉，恥也；邦無道，富且貴焉，恥也。」

（《論語》〈泰伯〉）

子謂南容，「邦有道，不廢；邦無道，免於刑
戮」。以其兄之子妻之。（《論語》〈公冶長〉）

子曰：「甯武子邦有道則知，邦無道則愚。其知
可及也，其愚不可及也。」（《論語》〈公冶長〉）

子曰：「直哉史魚！邦有道，如矢；邦無道，如
矢。君子哉蘧伯玉！邦有道，則仕；邦無道，
則可卷而懷之。」（《論語》〈衛靈公〉）

「邦有道」與「邦無道」的對比，其實只是在純
粹理念上的分類，在孔子眼中，他的一生中，恐怕還
沒有哪個年代可稱為「有道」之世吧！以下的簡單年
表，可以說明孔子所處的時代：

襄公二十五年（西元前 548 年），孔子四歲，崔杼
弒齊莊公。

　　昭公五年（西元前 537 年），孔子十五歲，三家四分公室，季氏取其二，孟孫、叔孫各一。

　　昭公六年（西元前 536 年），孔子十六歲，鄭國子產鑄刑書，晉大夫叔向寫信給子產嚴厲批評。

　　昭公十二年（西元前 530 年），孔子二十二歲，初為乘田、委吏之時，費宰南蒯以費叛，如齊。

　　昭公二十五年（西元前 517 年），孔子三十五歲，三家共逐昭公，昭公奔齊，居於乾侯；孔子亦去魯至齊。

　　昭公二十八年（西元前 514 年），孔子三十八歲，晉六卿誅公族，分其邑，各使其子為大夫。

　　昭公二十九年（西元前 513 年），孔子三十九歲，晉國鑄刑鼎，孔子曰：「晉其亡乎？失其度矣。」

　　昭公三十二年（西元前 510 年），孔子四十二歲，昭公卒於乾侯。

　　定公六年（西元前 504 年），孔子四十八歲，王子朝之徒作亂，周敬王奔晉。

　　定公八年（西元前 502 年），孔子五十歲，陽虎欲去三桓，入於讙、陽關以叛。

定公十年（西元前 500 年），孔子五十二歲，從定公參與夾谷之會。

定公十二年（西元前 498 年），孔子五十四歲，與子路主導墮三都，失敗。

定公十三年（西元前 497 年），孔子五十五歲，去魯適衛，開始長達十四年的周遊列國。

定公十四年（西元前 496 年），孔子五十六歲，衛大子蒯聵奔宋。

哀公二年（西元前 493 年），孔子五十九歲，衛靈公卒，衛國立太孫輒，晉趙鞅欲納太子蒯聵，父子爭位。

哀公六年（西元前 489 年），孔子六十三歲，吳伐陳，孔子與弟子困於陳、蔡；齊陳乞廢安孺子荼而立公子陽生（齊悼公），陽生使人殺荼。

哀公十年（西元前 485 年），孔子六十七歲，齊人弒悼公。

哀公十一年（西元前 484 年），孔子六十八歲，返魯。

哀公十二年（西元前 483 年），孔子六十九歲，魯國用田賦。

哀公十四年（西元前 481 年），孔子七十一歲，齊
陳恆弒簡公。

在「邦無道」時究竟要如何自處呢？孔子在上引
幾段資料中，只有稱讚史魚時說：「邦無道，如矢。」
其他每一段中談的都是明哲保身之道。如：「邦無道，
危行言孫。」「（天下）無道則隱。」「邦無道，免於刑
戮。」「（甯武子）邦無道則愚。」「（蘧伯玉）邦無道，
則可卷而懷之。」在「邦有道」時，應積極地出來用
世實踐，但「邦無道」時，從消極面來看，是退縮而
明哲保身；從積極面來看，則是「卷而懷之」，「隱」
的目的是為了要「藏道以待後人」。

但是，孔子自身在「邦無道」的時候，即使不是
像史魚一般「如矢」，「邦無道」「則隱」、「如愚」、「免
於刑戮」、「卷而懷之」，大概都不是孔子選擇的方式吧！

如果以五十一歲出仕中都宰為界線劃開孔子的前
半生與後半生，大體可以說，五十之前，「魯自大夫以
下皆僭離於正道，故孔子不仕，退而脩詩書禮樂，弟
子彌眾。」（《史記》〈孔子世家〉）所謂「五十而知天

命」，其實是劍未出鞘前的心情。四十以前，孔子做的是「知道」的工夫，「四十不惑」則是對「道」已了然於胸，有著堅定的信念。而五十之前，孔子為自己人生安頓的是「宣道」的路子。五十以後在魯國的短暫政治生涯，和十四年的周遊列國，孔子追求的是「行道」的機會。到了晚年居魯，特別是當幾位弟子和孔子在理想（道的實踐）與事功（道在現實中的扭曲呈現）間，有了無可轉圜的矛盾，才轉而為以「藏道」來定位自己。對孔子來說，「卷而懷之」只是在山窮水盡、無路可走的時候，不得已的選擇。

沽之哉！沽之哉！我待賈者也。

但是，畢竟「道」不是空中樓閣的虛幻概念，它必須要通過實踐才能開展自己。「人能弘道，非道弘人。」（《論語》〈衛靈公〉）因此，「行道」始終是懸在孔子心中的一個牽掛，正因天下「無道」，才更須「撥亂反正」，行道於人間。

也因此，在五十歲稍前，孔子與陽貨（陽虎）之間，有了一段精采的對話：

> 陽貨想要見孔子，孔子不願見他。陽貨乃送孔子豬肉，讓孔子不得不回禮。孔子估量著陽貨不在的時候，前往回拜，卻在路上撞見了。陽貨對孔子說：「來，我跟你說。」「身懷異才，卻坐視自己的國家迷亂，可以算得上是仁人嗎？」（孔子回道：）「不是。」（陽貨又說：）「有志於實踐，卻常常誤失時機，可以算得上是智者嗎？」（孔子回道：）「不是。」（陽貨說：）「歲月一天天逝去，時間是不會等待我們的啊！」孔子說：「是的，我就要出仕了。」（《論語》〈陽貨〉）

孔子說「吾將仕矣」不是推託之詞，而是嚴肅的宣言。寶劍要出鞘了，只是陽貨並非孔子所等待的人，孔子在等待個更恰當的機會，他不願所信守的「道」只是

徒託空言。孟子說：「孔子如三月無君王可事，則棲棲皇皇，出疆行旅，必載著事君用的禮物（質）同行。」（《孟子》〈滕文公下〉）指的是五十歲以後的孔子。

　　但是，孔子自己只有短短三年的實驗機會，他失敗了。後來，他的弟子們在魯國又得到了第二次實踐的機會，但是孔子認為他們背離了「道」。

　　失敗後的孔子，開始了長達十四年的尋找，找一個可以期待的君主，再給孔子一個機會，給「道」一個機會。當孔子初訪衛國，年方二十有餘，後來被孔

圖9　孔子像。據說孔子生來「圩頂」，也就是頭頂中低而旁高。南宋畫家馬遠也許正是揣摩著這樣的形像。畫中的孔子身著長袍，拱手而立，神情肅穆。

子喻為「瑚璉」之器的貴介青年衛賜（子貢）拜入門下。子貢曾問孔子：「這裡有一塊美玉，是藏在盒子裡呢？還是求個好價錢賣？」孔子說：「賣啊，賣啊，我正等待商人上門來呢！」（《論語》〈子罕〉；譯文採杜正勝，〈流浪者之歌〉）

這正是先秦士君子的結構性困境，知識必須搭在權力之上才有實踐的能動性，「行道」不能繞過政治，「知道」的士君子只是懷抱美玉（「道」）求售的行者，擁有權力的國君貴卿，是求售的對象。正因為「行道」必須等待「賈者」，所以，當「賈者」所想望的，不是「懷其寶者」所藏於櫝中的美玉，這樣的落差，就注定了孔子的尋找是要落空了。

「知命」之年的孔子，曾經有了一次讓他心動的機會。

季氏家臣公山不狃以費叛，召孔子。〈孔子世家〉說：「孔子循道彌久，溫溫無所試，莫能己用。」於是孔子有意前往。子路不悅，孔子終於沒有成行。周遊列國期間，晉大夫趙簡子之邑宰佛肸以中牟叛，召孔子。

孔子又動心了，子路再次阻止，孔子終於還是沒去。

傳統儒家以父子之親、君臣之義為五倫之首，公山不狃和佛肸是「亂臣賊子」，身為儒家大宗師的孔子，怎麼可能為其所用呢？當然，像這樣以學派後來的思想內容來規範自己的祖師爺，在邏輯上是否可通，是個問題。而傳統儒家在聖人形象、聖人義理、聖人事蹟三者之間，始終存在著複雜的糾葛。有時候以義理來決定事實，有時候卻為了維護聖人形象而修正義理。重要的是，該怎麼來揣摩孔子面對這兩件事時的心境？

司馬遷說得很清楚，公山不狃召孔子時，孔子五十歲。對於一個「三十而立」的士君子來講，在那樣一個王綱解紐、禮壞樂崩、戰亂連年的時代，百姓輾轉於統治者的苛徵暴斂與戰爭所帶來的家破人亡、流離失所。努力實踐所學，道濟天下之溺，當是孔子心中深重的悲願。但是當時的魯國，「自大夫以下皆僭離於正道。」所以孔子「不仕，退而脩詩書禮樂。」（《史記》〈孔子世家〉）孔子年近三十開始授徒講學，但是

空言不足以濟世，他的用世之心之急切可想而知。當陽貨質問孔子：「懷其寶而迷其邦，可謂仁乎？」孔子說：「諾，吾將仕矣！」時，恐怕心中也會浮現陽貨所說：「歲不我與！」的焦慮罷！這樣的一個人，到了五十歲，其實人生已經過了大半，卻還沒有用世的機會。而今，公山不狃自己有個根據地，表示會重用孔子，孔子難道不會動心，不會徬徨嗎？

再一次，在周遊列國，到處碰釘子的途中。孔子居衛，靈公「老怠於政，不用孔子」。孔子慨然歎曰：「如有用我為政的，一年小可，三年有成。」（《史記》〈孔子世家〉）離開了衛國。這時晉國的佛肸請孔子去幫忙，孔子是不是可能動心？

從後世儒家君臣之義的觀點來看，孔子這兩次動心，都是不應該，從而也是不可能的。但是我們如果能體貼孔子那樣急切的用世之情，在那樣的年歲，經歷了那麼多的挫折與失望，有個機會來到眼前，雖然不是個理想的機會，因為公山不狃和佛肸畢竟不是孔子理想中的封建君子，但是孔子動念考慮：「去，還是

不去？」不也是人之常情嗎？

孔子終究是沒去。理由在史書中不是很清楚，恐怕孔子還是覺得不能為了急於行道，卻犧牲了更高的理想。孟子雖然說孔子是「可以仕則仕，可以隱則隱」的「聖之時者」（《孟子》〈萬章下〉），但是不能「枉道而從君」，「枉己者未有能正人」（《孟子》〈滕文公下〉）的節操，卻是自孔子而下，先秦儒家的一貫態度。商鞅入秦，對秦孝公說以帝道，孝公「時時睡，弗聽」；說王道，孝公仍「未中旨」；說霸道，孝公「善之而未能用」；說彊國之術，孝公「與語，不知膝之前於席也。」（《史記》〈商君列傳〉）這和孔子堅持理想，不打折扣，歷數十年而不改，是如何的對比啊！

孔子在猶豫著是否應佛肸之召時，面對子路的質疑，他說：

> 但是，不是有這麼個說法嗎：「真正堅硬的東西，無論怎麼磨也不會變薄；真正潔白的東西，無論怎麼染也不會變黑。」我哪裡只是顆葫蘆

瓜，只能掛著看卻不能吃呢？

真正的君子，豈能輕易同流合污呢？同樣地，當年子路質疑孔子欲應公山弗擾之召時，孔子說：「既然有人召請我去，自然是要重用我吧？如有用我為政的，我將興周道於東方。」孔子有著絕對的自信，當他有機會進入現實政治中，取得某種角色，改變的是現實世界，而不是他自己。但是，如果孔子能預見他晚年時，冉有、子貢、子路三位弟子得到重用，卻一一從孔子所建構的理想世界中遁逃時，他的自信會不會稍減呢？

孔子兩次怦然心動，兩次都受到子路的嚴厲質疑，《論語》〈子罕〉中孔子所說的「可與共學，未可與適道；可與適道，未可與立；可與立，未可與權」。也許可以放在這樣的時刻。但是，在孔子的一生可見的記錄，孔子的「權」都表現在尋找「賈者」的過程中，然而在實踐的過程中，孔子總是表現出最堅定而不妥協的姿態。當然我們也看到，橫在孔子面前的，只有一次又一次的挫折、失敗、傷懷與絕望。

知我者，其天乎！

〈孔子世家〉承公羊學孔子感麟而作《春秋》的
意見，在魯哀公十四年（西元前481年）之後，司馬
遷描寫孔子這個始終與時代與命運頑抗的老人，終於
承認自己的失敗。孔子說：「吾道窮矣！」又說：「罷
了！罷了！君子擔心的是逝去之後而不能為人所稱道。
我的道不能實踐了，我該如何自見於後世呢？」於是
孔子：

> 乃因著魯國史記的基礎而作《春秋》，上至隱
> 公，下訖哀公十四年，十二公。據魯，親周，
> 故殷，觀察三代的運會。文辭簡約而指意廣博。
> 所以吳楚之君自稱為王，而《春秋》貶之曰
> 「子」；踐土之會其實是晉文公召周天子，而
> 《春秋》諱之曰「天王狩於河陽」；依此類推來
> 規範當世的貶損之義。後世若有王者出，則能

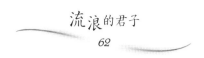
承《春秋》之義而開闢盛世。《春秋》之義得
行，則天下亂臣賊子莫不懼怕。

以「歷史著作」代行「天道」，作為「道」的另一
種實踐方式，其實司馬遷自己正是孔子最好的傳人，
一篇〈伯夷列傳〉說的就是這樣的信念。扭曲的現實
世界，正義無從開展，只有在歷史的法庭上尋求上訴。

「自見於後世」的焦慮其實首先來自「不見於當
世」，「現在」的失敗，只能尋求「未來」的平反，而
「未來」則決戰於記錄「過去」的歷史。這是孔子在
晚年最後為自己尋找的戰場。以二十世紀前的傳統中
國來看，孔子是新戰場的勝利者。

《論語》〈季氏〉篇記載孔子的一段話，我們不能
確知孔子是在什麼時候說的，但是卻是前述想法的最
佳注腳：

　　「人們所稱道的，不在於富有與否，而在乎能
　　有異於常人的德行。」齊景公有馬千駟，身死

之日,卻沒有懿德讓百姓稱道。伯夷叔齊餓死
於首陽山,百姓至今猶稱道不已。就是這個道
理嗎?

　　孔子在「未來」超越了一切與他同時代的權貴,
凡不能知、不能用孔子的,在歷史中其實都未能得到
好的評價。顏回所謂:「夫道既已大脩而不用,是有國
者之醜也。不容何病,不容然後見君子!」(〈孔子世
家〉) 成了後世歷史裁判所的蓋棺定論。但是在「當
世」的孔子,卻深深陷入了「莫己知」、「莫能己用」
的焦慮中。

　　孔子初至衛,擊磬以言志,與擔草器而過的隱者
有這麼一段對話:

　　　　孔子居衛時,一日擊磬。有擔著草器的隱者路
　　　過孔氏之門,說:「有深刻的用心啊!這個擊磬
　　　的人!」接著又說:「鄙陋啊!磬聲硁硁然!沒
　　　有人能知道自己,那就罷了。水深則以衣涉水,

水淺則揭衣涉水。」孔子說：「是嗎？要那樣子又有什麼困難呢？」（《論語》〈憲問〉）

朱註：「以衣涉水曰厲，攝衣涉水曰揭」，「淺則揭」，喻居亂世，莫能己知，則潔身自好，獨善其身可也。孔子和隱者的不同就在這裡分野：隱者可以將不能操之在己的外在世界置而不論，或者甚至逃遁到世界之外，打造自我的純粹的天地；孔子卻是個無可救藥的用世君子，「道」的實踐是他的無上命令，無休無止，至死不悔。對孔子來說，「放棄」與外在世界的交涉，其實就是放棄了自我對「道」的許諾。「放棄」是再簡單不過的事，而「堅持」才是「弘道」之人的天職。

孔子儘管堅定不移，但是「行道」既有待「賈者」，櫝中「美玉」未能有識者，怎能出櫝而現其光華呢？既未能有識者，又怎能為識者所用呢？於是，「莫己知」、「人不知」、「不己知」、「莫我知」、「苟有用我者」、「如有用我者」、「莫能己用」、「焉能繫而不食」這類的感歎，充斥在孔子的言語中：

子曰：「學而時習之，不亦說乎？有朋自遠方
來，不亦樂乎？人不知而不慍，不亦君子乎？」
（《論語》〈學而〉）

子曰：「不患人之不己知，患不知人也。」（《論
語》〈學而〉）

子曰：「不患無位，患所以立；不患莫己知，求
為可知也。」（《論語》〈里仁〉）

子曰：「不患人之不己知，患其不能也。」（《論
語》〈憲問〉）

子曰：「君子病無能焉，不病人之不己知也。」
（《論語》〈衛靈公〉）

子曰：「苟有用我者。期月而已可也，三年有
成。」（《論語》〈子路〉）

子曰：「君子疾沒世而名不稱焉。」（《論語》
〈衛靈公〉）

「不為人知」、「莫能己用」，始終是孔子一生，特
別是後半生最大的焦慮所在。孔子雖然說：「人不知而
不慍」、「不患人之不己知」、「不病人之不己知」，但
是，他恐怕沒有那樣的灑脫。不能灑脫，不是因為計
較聲聞，而是「為人知」是取得「行道」的有利位置
的第一步。

孔子在晚年答子張問何謂「達者」時，還特意區
別「聞」、「達」異義：

> 所謂「達者」，本質正直而雅好道義，察言而觀
> 色，心存敬畏，不敢忤慢他人。這樣的人，在
> 邦必達，在家必達。所謂「聞者」，貌似仁者而
> 行為適得其反，自己卻居之不疑。這樣的人，
> 在邦必聞，在家必聞。（《論語》〈顏淵〉）

他又分辨「小知」與「大受」的不同：

> 君子於小事未必可觀，而材德足堪大任；小人
> 難堪重任，卻易於細事有所表現。(《論語》〈衛
> 靈公〉)

顯然孔子對於只可「小知」而不可「大受」的「聞者」，是有那麼一點不平之氣。

但是，要有大智慧的人才能「大知」可以「大受」的「達者」，這似乎又注定了「達者」難「聞」難「知」，雖可「大受」，卻無所「受」之的宿命。

同樣在晚年，孔子慨歎：「莫我知也夫！」這時孔子才確定了自己在人間終究是「不為人知」的，要企求「知己」者，只有在天上的世界。當他回答子貢的追問時，說：

> 不怨天，不尤人，下學而上達。知我者，其天
> 乎！(《論語》〈憲問〉)

　　孔子一生「不為人知」、「莫能己用」，冉有、子貢、子路等先進從政弟子，卻在孔子晚年時，在魯國政壇舉足輕重，受到當權者重用。這樣的分歧，又為孔子帶來了更為不堪的晚景。

曠野的聲音

　　六十三歲的孔子率同弟子，離開陳國向南行，希望能到楚國去，會見那位曾被他讚許為「知大道」的楚昭王。但是，當年吳侵陳，楚救陳，兵連禍結，陳、楚道上並不安寧，孔子一行人也因故困於陳、蔡之間。絕糧數日，幾乎不得脫身，終於解危，卻傳來昭王的噩耗。希望無所寄託，孔子暫歇止於楚國大夫葉公諸梁招致故蔡遺民的負函，與葉公從容論道。但是昭王既卒，楚國情勢不明，孔子不久即返陳。「歸與」之歎，應當就在此時。因此，孔子返陳不久，就北上適衛，等待歸魯的機緣。

　　這次的南方之旅，在孔子生命中具有關鍵的意義，自我放逐九年來，儘管諸多挫敗，一次又一次，期待之後只是失望，孔子仍然鬥志昂揚，不願向時代和命

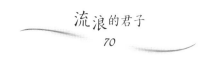

運低頭。但是南行歸來，孔子變得有些消沉了，他開始想家了，也第一次說出要放棄飄零故國之外的追尋了。

楚昭王的死，讓孔子滿懷的熱望頓時成空，當然對孔子是一大打擊，畢竟，在目前所有資料看來，昭王是當世孔子唯一稱讚過的國君。南行道上，孔子遇見了也許是故蔡遺民的隱者，幾次對話都讓孔子唏噓不已，想必對孔子的心境有著深切的牽引。

陳、楚道上，是孔子的希望之旅，絕糧陳、蔡之間，雖是戰事所累，卻也預示著這趟旅行的多舛。在陳、蔡之間蒼茫的曠野，孔子師生對這些年來的追求與遭遇，曾有如此深刻而有意味的對話。

吾道非邪？吾何為於此？

當孔子在生命中的最後五年，發現了這麼一個殘酷的事實，那些曾追隨自己度過艱困的流浪生涯的先進弟子，成了「今之從政者」後，竟也和過去所鄙視「斗筲之人」一般，紛紛在長期堅守的「道」上退卻

了。他發現，自己所要對抗的，不只是世衰道微之下的昏君權臣，也不只是在「行道」的路上分歧的早年弟子兼同志，真正的敵人，恐怕是「自己心中那套理想的人間秩序（「道」），在現實的人間，是否有實踐的可能性」這麼一個最根本的問題。

　　剛離開陳國不遠，也許還在陳國境內，孔子一行人受困絕糧，弟子多人因飢餓而病倒，孔子仍講誦絃歌不輟。為了追求一個「行道」的夢想，眾弟子追隨夫子，百死不悔，但是，九年的奔波磨難，換來的就是這樣的結局？子路憤怒地向孔子質疑：「我們抱持理想，孳孳行道，難道君子也會窮途末路嗎？」孔子平靜地答道：「君子雖窮，卻能堅持理想，守死善道；小人若窮困，就不擇手段，無所不為了。」孔子雖然揭示了「君子固窮」的立身之道，但是學生們的悲憤仍然難以平息。於是找來三個最得意的學生，問了同樣的問題：

　　　我們既不是犀牛，也不是猛虎，為什麼不能安

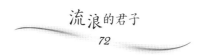

居，而要徬徨奔走在曠野中呢？

子路雖然平日好勇爭強，這時卻像個謙謙君子般，他說：

也許是我們還夠不上仁者罷！所以別人仍信不過我們。我們還稱不上智者，所以別人才不聽從我們。

孔子微笑著說：

是嗎？若說仁者必能取信於人，伯夷、叔齊的故事又從何說起呢？若說智者必能行其道，王子比干又何以死得如此悲慘呢？

機巧靈敏的子貢則說：

夫子的道理太過高遠，所以天下人無法相容。

何不稍稍貶抑，讓一般人能夠接受呢？

孔子不悅，說：

賜啊！純熟農事的農人，只能盡力耕種，卻不能擔保豐收；能工巧匠可以製作精品，卻不能順手所有人的品味。君子能脩其道，但無法取容於所有人。今天你不講求脩道，卻只想著怎樣能取容於他人，你的志向怎麼如此淺薄啊！

最後是簞食瓢飲，視富貴如浮雲的顏淵，從容自信地說：

夫子的道太高遠，以致天下人不能相容。雖然如此，夫子還是盡力去實踐所信守的道，不能取容於天下，又有什麼值得喪氣的呢？不能取容天下，這才得見君子的卓然出眾。若果不能脩道，是我的恥辱；如道已崇高，不能得到統

治者的接納而推行，那是統治者的恥辱。

孔子欣然笑道：

顏家的孩子啊！假使你富貴多財，我甘心為你
執鞭服事。（《史記》〈孔子世家〉）

「兕」是犀牛的一種，孔子一開始引《詩》，將受
困於陳國邊境曠野中的師生一行人，比喻作在曠野中
遁走的犀牛和猛虎，既然「匪兕匪虎」，那麼「率彼曠
野」只是自己選擇的命運。但是，難道是我們堅信的

圖10　兕。孔子說到犀牛，用的是「兕」這個字。「兕」是犀
牛的一種，角如彎刀，俯首怒目，四肢奔張。漢代的墓葬中
常見「兕」的畫像，取其兕猛善守墓壙之意。

「道」錯了嗎？何以「信道」而矢志「弘道」的使徒，
卻要遭致世人異樣的眼光、輕鄙的對待、無情的冷落、
殘酷的打擊？所信的「道」，彷彿就在前方靄靄雲氣、
朦朧暮色中的高山，卻可望而不可即，重重的阻礙橫
亙在通往顛峰的道途中。終致「道」的行者，也不免
要懷疑，自己所堅信的，是不是就是真理的大山，或
者，眼前的峰巒，是不是只是幻惑人眼的海市蜃樓？

「道」與「真實世界」

　　子路感到疑惑了，也許我們所誓言的「道」，並非
真理的本尊；又或許我們自身仍脩「道」未篤，否則，
世界怎會與我們益形遙遠呢？

　　子貢倒不曾懷疑「道」的真確，也不懷疑脩「道」
君子的工夫，但是他務實地認知了世界的非理性。因
此，我心所守的「道」和我身所處的世界，就存在了
無可迴避的斷裂。面對這樣的斷裂，子貢認為，必須
要搭起一座橋梁，讓純粹的真理（「道」）和「真實世

界」能在當中相會。當然，這樣的橋梁，在篤守「道」的純粹完美的使徒眼中，卻是一種墮落與沉淪。

顏回對「道」與世界的認知，與子貢無異。但是，面對這樣的斷裂，他卻展現了不同的姿態。顏回站在真理（「道」）的高度，對塵世的扭曲，投之以輕蔑的目光。子貢式的橋梁，顏回是不加考慮的。從某種角度來說，顏回耽溺在概念構築的理想天地中，用一種冷峻而傲然的姿態面對世界。因此，他可以宣稱「不容，然後見君子」。如果能被這扭曲的世界接受，豈不表明不可避免地也扭曲了自己。

孔子微笑地開導憨直的子路、怒斥子貢的沉淪、而讚歎顏回的泰然自信。其實，孔子和三位弟子都不同，也因此，他面對「道不行」的困境時，所承受的痛苦也最深。

如果否定自己對「道」的認知，承認自己「脩道」之不篤，那麼，現在的失敗再慘痛，都是可以解釋、也可以挽救的。因為只要能找到「真正的道」，就可以行之於天地了。「真正的道」與「真實的世界」之間，

並不存在著不可解的矛盾。子路這麼說，但是，自述「三十而立，四十而不惑」的孔子，對自己所信守的「道」，從來沒有懷疑。「道」之不行，不是因為它是贗品，而是它在現實世界中「就是」不可行。於是，所信益深，自視愈高，伴隨的緊張與焦慮也就愈甚。因為「信道」的使徒，必須正視自己「徒勞無功」的必然結局。

如果肯定所信之「道」的不容置疑，也認識「道」與「真實世界」之間存在的斷裂，但是願意在兩者之間尋求接軌的可能。換言之，正視「道」在世界中百分之百實踐的絕無可能，因此，放棄對「道」的純粹完美之堅持，而以現實世界中的最大可能為合理的追求標的。子貢這麼說，但是，孔子儘管說自己「無可無不可」、「小節出入可也」，歎「行道」的同志「可與立，未可與權」，但是，「道」的純粹完美之不可出入，顯然是他自己所說的「大德」不能「踰矩」。因此，孔子非但不能接受子貢的態度，還疾言厲色地指斥其非。

如果對「道」的真確、對自己的「脩道」信之不

疑，雖然也認知「道」與「真實世界」的不相容，但是，只問自我的修養工夫，只問自我的實現是否完美，對「行道」的「結果」，能淡然視之，不過於執著。那麼，「道」的隕落是「真實世界」的問題，而不是「信道」、「脩道」、「守道」、「行道」者的責任。於是，對「道」的不可實踐的焦慮，也不致揪緊自己的心頭。顏回如此對待行者的命運，孔子慨然稱許，但是，他自己卻絕非那樣的灑脫自在。

在三段意味深長的對話中，我們看到的除了三位弟子不同的處世之姿，更在孔子表面的處之泰然（危難中絃歌不輟）中，看到他內心最深沉的焦慮與緊張。孔子和子貢的歧異，終於在晚年居魯時，以孔子和從政弟子的矛盾而揭開；顏回的「不以為意」，也成為勘破孔子內心兩個世界的奧祕入口。

逝者如斯夫，不舍晝夜。

在孔子與弟子的對答中，儘管師生四人各以不同

的姿勢面對世界，但是在孔子與顏回師生相得的一笑
中，更揭示了這樣的奧祕：「世界的不完美，扭曲了一
切改造世界的努力。這個不完美的世界也許永遠不可
能完善，但是知其不可而為，卻可能完善一個人的人
格與人生境界。一個人不可能去把捉世界，卻可以把
握自己，也只能把握自己。」孔子「知其不可而為」
的生命情調，必須由此體會。隱者「辟世」，而孔子與
顏回「入世」，但是，顏回有「入世」的使命，卻有
「出世」的情懷，讓他遠離了「真誠的行道者」焦慮
的宿命。

子貢說：「夫子的道理太過高遠，所以天下人無法
相容。何不稍稍貶抑，讓一般人能夠接受呢？」其實
和後來冉有在面對夫子責難時，所說的「力不足」，只
是從不同方向來說同一件事。說得具體一些，就是孔
子所信守之道，在當時已如滔滔東逝水，一去不返，
在現實中幾乎沒有實踐的條件與機會。

孔子所追求的，是重建理想的封建秩序。當然孔
子所說的封建禮樂，正如同當時諸賢君子晏嬰、叔向

等，是為舊禮制注入新精神之後的「舊邦新命」。但是當孔子之時，周天子式微，由諸侯霸政建立諸夏城邦聯盟的新秩序已近兩百年；臣弒其君，悖亂禮制，陪臣執國命，也有百年之久。封建秩序從外到內，從上到下，從制度到精神，幾乎無一不壞。這時要再回復封建禮樂的盛世景象，恐怕只能留存在遠離現實的、想像的理想世界中了。

晚年居魯時，儘管子路與孔子在許多政治實務上有著不同的觀點，但是，孔子對子路能不背離「道」的大方向，應當還是有信心的。子路曾與冉有、子貢一樣，在魯國政壇上扮演重要的角色，後來卻與季康子不和，去魯適衛，仕於衛大夫孔悝。《論語》〈憲問〉篇敘述公伯寮愬子路於季孫之事，透露了子路與季氏的不和。子服景伯告訴孔子這件事，忿忿地說，季孫已受到公伯寮的蠱惑，但是要將公伯寮宰了，我還做得到。孔子卻幽幽地說：「道之將行也與？命也。道之將廢也與？命也。公伯寮其如命何！」孔子雖然說「道」之興廢自有天命，不可能受到公伯寮個人左右。

但是在說這話時，孔子對「道之將行」顯然不再像以往那麼堅信不疑了，「道之將廢」，雖然殘酷，卻是不能不接受的現實。

當孔子佇立在黃河邊上，滔滔逝水帶給他的啟示，除了年華老去，「歲不我與」的急迫外；是不是還告訴孔子，他夢想中的理想世界，在歷史的大河中，也如

圖 11　泱泱大河，孔子周天命而不得渡。孔子在衛國不得用，欲西見趙簡子，「至於河而聞竇鳴犢、舜華之死也，臨河而歎曰：『美哉水，洋洋乎！丘之不濟此，命也夫！』」望著浩浩河水，慨然興歎。圖為 1995 年 4 月起，於華視開播的單元劇集《孔子的故事》的劇照。

同奔騰不已的潮浪般，一去不能復返？如果歷史如同大河東去，不可能回頭，他所篤信的「道」，是否只能留在歷史中，成為後人翻閱的記錄？也許更大的問題在於：當河水曲折蜿蜒，在那柳暗花明之處，「道」是不是永恆而真實，也可能成了可質疑的對象？

　　至少孔子是不懷疑的。在孔子看來，「道」的真理性格是普遍而永恆的，是「放諸四海皆準，垂諸百代不惑」。但是，挾泥沙而俱下的滔滔巨浪，除了洗刷那已成過往的美好世代，也像是阻絕了通往「道」的路途。哪裡才是渡河的津口呢？孔子也許曾在黃河邊上發出這樣的疑問吧？

問　津

天下有道，丘不與易也。

　　由於魯哀公六年（西元前 489 年）吳侵陳，楚救陳，孔子在戰亂中困於陳、蔡之間，也因此，與子路、子貢、顏淵有了那段極富興味、關於「匪兕匪虎，率彼曠野」的對話。脫困後，孔子第一次到了南方故蔡舊地。一般認為，孔子往南行，是因為對楚昭王有所期待。自從西元前七世紀開始，楚國的勢力逐漸深入中原，陳、蔡、鄭、宋、魯、衛等諸夏城邦備受侵擾，依違於晉、楚，兩大之間難為小。尤其是國境偏南的陳、蔡，首當其衝，更早被籠罩在楚國勢力範圍之中。孔子南來之年，蔡國在長年戰亂後，早經亡國之痛。

因此，《論語》記錄與孔子對話的隱者，學者往往以為
即故蔡遺民。其中三段故事，都出於〈微子〉篇：

> 楚國狂者接輿放歌而經過孔子：「鳳啊！鳳啊！
> 何以德行如此衰敗？往者不可諫，來者猶可追。
> 算了吧！算了吧！當今的從政者都無可寄望
> 啊！」孔子下車，想和他說話。接輿卻疾走而
> 迴避，孔子無法和他說上話。

> 長沮、桀溺一起在田裡耕作。孔子一行人路過，
> 教子路去詢問渡口。長沮問：「那乘車的是
> 誰？」子路道：「是孔丘。」又問：「是魯國的
> 孔丘嗎？」答道：「是的。」長沮道：「那他該
> 知道渡口在哪裡。」又問於桀溺，桀溺問：「您
> 是哪位？」道：「我是仲由。」又問：「是魯國
> 孔丘的學生嗎？」回道：「是的。」桀溺又道：
> 「舉世滔滔，誰能改變得了呢？與其跟從避人
> 的君子，倒不如跟從避世的君子啊！」兩人耕

作不止。子路回去稟告孔子，孔子悵然，道：
「鳥獸不可與同群，這樣的高潔君子才是我應
該結交的啊！但是若是天下已經上了軌道，我
又何必亟於改革呢？」

子路跟從孔子而落在後頭，遇一以杖荷著竹器
的老者。子路問：「您見到夫子了嗎？」老者
說：「四體不勤，五穀不分。誰是你的夫子？」
樹起木杖而開始除草。子路拱手而立。老者留
宿子路，殺雞為黍來招待，並引見他的兩個兒
子。第二天，子路趕上孔子且告知此事。孔子
說：「是個隱者。」派子路返回再去見老者。回
到老者居所，卻已不知所蹤。子路說：「不出仕
以行道，有違義理；長幼之節，不可偏廢也；
君臣之義，如何能廢棄不顧呢？想要潔身自好，
卻因此而廢亂重大倫常。君子出仕，為的是能
行其義。『道』不能行，是早就知道的事啊！」

接輿說：「已而，已而！今之從政者殆而！」孔子對當權的統治者，自然有著最深刻的認識，但是在這樣的現實下，接輿選擇的立身態度是「算了吧！算了吧！」孔子終日與當朝權貴接觸，但是，真正能和孔子作心靈對話的，大概只有些避世的隱者。就像子路轉告長沮、桀溺的一番話時，孔子所說的「鳥獸不可與同群，吾非斯人之徒與而誰與？」然而，當孔子下車，想和接輿說些話時，接輿卻疾走趨避，不願與孔子交談。孔子心中的悵然，可想而知。

孔子心中敬重隱者，但是他與隱者的生命既不同調，也就難相與左右了。孔子說：「天下有道，丘不與易也。」彷彿是對隱者申訴：不是我不願從那滔滔濁流中抽身而出，如果天下有道，河清海晏，我何必努力改造世界呢？世道混濁是孔子和隱者共同的認識，如何面對衰亂的世道才是孔子與隱者分途的差異節點。

「問津」的隱喻，更是把孔子在奮鬥一生，理想終於成空，流浪於列國之間，所遇不合，那樣的前路茫茫的心情表露無遺。其實，通往理想世界的津渡，

圖 12　高賢遇隱圖。圖為清代畫
家筆下的《高賢遇隱圖》，老翁戴
笠耘草，士人倚立樹下。孔子使子
路會見隱者，大致如此。

孔子早已了然於心，但是那只存在於「想像」的世界，
在現實世界中，就像〈桃花源記〉中的武陵人，再也
找不到那條落英繽紛的小徑。

　　《論語》〈憲問〉篇記下了子路與另一位隱者的對話：「子路宿於石門。晨門（清晨守門啟關者）曰：『奚自？』子路曰：『自孔氏。』曰：『是知其不可而為之者與？』」「知其不可而為」這樣一句最足以傳達孔子精神、為孔子的生命情調定位的話語，竟是出自監門的隱者。而子路對荷蓧丈人說：「君子之仕，行其義也。道之不行，已知之矣。」是深契孔子的心意的。客觀的外在世界與人主觀的內在世界在此分野。隱者「辟世」而獨善其身，孔子卻「入世」而尋求自我的完成。如果可以重寫孔子的墓誌銘的話，也許可以寫上這麼一句話：「這裡面埋葬的是一個一生都不合時宜，卻又堅定地與他的時代搏鬥的人。」但是，面對現實世界的扭曲，又必須毫不迴避地迎向前去戰鬥，繼而是一次又一次的徒勞無功，內心深處的焦慮、緊張、與寂寞是難以言喻的。當孔子看到那些隱者的「灑脫」時，儘管他堅定如往昔，不免也要「憮然」而歎。這時，孔子會想起知命之年時，曾點所說「莫春者，春服既成。冠者五六人，童子六七人，浴乎沂，風乎

舞雩，詠而歸。」（《論語》〈先進〉）那樣的欣然自得嗎？還是當他注視著與他親逾父子的顏淵時，心中不免興起的「雖不能至，心嚮往之」的心情？

道不行，乘桴浮於海。

其實我們很難確切地說，究竟因為南方故蔡遺民多有「辟世」之心，因此孔子在南行的過程中多遇隱者？還是孔子此時的心境（六十三歲，歷經風霜的老人），特別容易對隱者的言語興起感應？究竟是孔子南行，與隱者幾度相會，為孔子「用世」的熱情潑下冷水？還是孔子在一生挫敗之後，對「道之將行」早已失去往昔的天真信念？

也許上述兩種不同面向的觀察都是事實的一部分吧！隱者的出現，在孔子的生命中並非無足輕重的插曲，而是藉以映照出孔子更清晰的容貌。暮年的孔子曾經回顧自己的一生，說：「六十而耳順。」魯哀公三年（西元前 492 年），孔子六十歲，正離開衛國南下，

居於陳國不久。在衛國不愉快的經驗，讓他想通了，不必為了「斗筲之人」的言語牽動心念、情緒。但是，隱者的話，像是戳破了他一直自我鼓舞的假象，告訴他「道之不行」的殘酷事實，孔子像是飽滿的氣球，倏地消了氣一般，不再像過往一樣地意氣風發。

　　隱者的身分有「荷蕢者」、有「晨門」、有「接輿」、有「耦耕者」，有「荷蓧丈人」，都是隱身於社會中微不足道的角落邊緣，而且往往與孔子擦身而過，即不知所蹤。孔子則努力追求在政治上的重要位階，取得「行道」的必要資源。隱者「苟全性命於亂世，不求聞達於諸侯」，但是對以「撥亂世，返之正」為一生志業的孔子來說，「聞達於諸侯」卻是不能跳躍的途徑。也因此，孔子必須不斷地和自己看不起的人打交道，甚至有時要受到羞辱。可以說，孔子選擇了一條難為自己的路，卻又注定走不到終點。明知走不到終點，卻又不能放棄，因為，「走在這條路上」本身，就是意義與價值的來源，能不能完成這趟長路漫漫、無休無止的旅行，倒不見得是唯一的價值。

　　但是，再執著的人，終究要在山窮水盡時，承認自己是到不了心中的天堂。日暮途窮，能不放聲大哭，傷悲自己終不能與時代氣運對抗？

　　《論語》〈公冶長〉篇中，「『道』不能行於天下，不如搭乘舟筏，浮於大海，另尋新天地，仲由啊！你會跟著我走天涯吧？」率直的子路聽了，竟喜形於色，準備和他最敬愛的老師遠離這個擾攘不安的世界，歸隱海外。孔子究竟還是個固執的入世實踐家，他又好氣又好笑地回道：「仲由啊！你的勇氣勝於我，但我還不知到哪兒找製作舟船的材料呢！」《論語》〈子罕〉也記了這麼一件事：

　　　　孔子想要移居九夷之地。有人說：「那邊如此鄙
　　　　陋，該怎麼辦呢？」孔子說：「君子居住在那
　　　　裡，怎能說是鄙陋呢？」

曾經說過「夷狄之有君，不如諸夏之亡也。」（《論語》〈八佾〉）的孔子，居然要移居「九夷」了？當然，我

們知道孔子一生從未到過任何非華夏的邦國，「居九夷」云云，悲憤之餘的意氣之語成分居多。當現實世界的津渡難尋，孔子只好訴諸「另一個世界」。想像一個不為人知的世界，那應該是在我們所熟知的華夏世界之外，應當是在神祕的海上仙山。「另一個世界」既然不在現實之中，可以虛構一切的可能，可以依自己的意志打造一個完美的境地。

　　但是，這樣的世界在哪裡呢？子路莽莽撞撞地準備隨夫子成行，孔子卻說破了這個世界的虛構性。「無所取材」，不是指造船的材料，而是打造那一個世界的原料。

　　歷史的興味正在，當我在書寫兩千五百年前孔子那曲折離奇的際遇，彷彿自己也伴隨著孔子如兕如虎地奔走於河、淮之間的曠野；當我看到孔子說「乘桴浮於海」時，卻再自然不過地在腦海中浮現了西元1949年渡海的流亡圖；當我將寫到孔子晚年時，先進弟子從政後，在理想與事功之間的徘徊，眼前出現的卻是跨世紀的臺灣，在歷史上第一次政權和平轉移後，

種種奇幻弔詭的新氣象。歷史的書寫者與歷史人物之間，恆在不停地對話當中，有時，我們會迫不及待的想告訴歷史人物，我們的後見之明；有時，卻是歷史人物用他們的故事，告訴我們未來要面對的事情。

最後的挫敗

陳成子弒簡公。孔子沐浴而朝。告於哀公曰:「陳恆弒其君,請討之。」

　　魯哀公十四年(西元前 481 年)夏四月,齊國大夫陳恆執齊簡公於舒州,六月甲午弒之。年高七十、垂垂老矣的孔子聞訊,齋戒三日,沐浴而朝見魯君,請求魯君出兵聲討陳恆。魯君為難地表示,齊、魯兩國強弱懸殊,怎好貿然興兵?孔子則以為陳恆弒君,無法得到齊人的支持。以魯國之眾,再加上齊國反陳恆的半數人民,其事可成。魯君無法說服這位德高望重又固執的老先生,只好推託著說,那你去問問掌國政的季孫(季康子)和孟孫、叔孫二氏的意思吧!孔

子又去找三家大夫，卻得不到任何支持。孔子無奈地說：我作為從大夫之後，不能不善盡職責，國君與執政大夫不從，則非我力所能及！

　　陳恆弒簡公其實已經是八年來齊國所發生「臣弒其君」的第三樁了。哀公六年（西元前 489 年）陳乞（陳恆之父陳僖子）廢安孺子荼而立公子陽生（齊悼公），陽生即位使人殺其幼弟荼。哀公十年（西元前 485 年），悼公亦為臣下所弒，弒悼公者疑即陳恆。悼公卒而公子壬（即簡公）立，四年後，又因其寵臣子我與權臣陳恆之鬥爭，陳恆發動政變，殺簡公，立其弟驁，陳氏專政，遂成不可當之勢。（參見：《左傳》、《史記》〈齊太公世家〉、〈田敬仲完世家〉）

　　哀公五年（西元前 490 年），齊景公在位長達五十八年後病故，使國、高二氏立其幼子荼，並置群公子於萊以防繼嗣生變。景公卒，諸公子分別奔亡於魯、衛二國。其中公子陽生流亡在魯，還成了季康子的妹婿。陽生為後來的悼公，其子壬亦同行居魯。哀公六年（西元前 489 年）陳乞發動政變，逐國、高二氏，

召公子陽生返國而立之。陽生立為國君後，命大夫朱毛殺其幼弟安孺子荼。

《左傳》哀公十年云：「齊人弒悼公。」司馬遷以為弒悼公者為鮑牧，然據《左傳》，鮑牧於前兩年即為悼公所殺；《晏子春秋》〈諫上〉則言田氏殺陽生。因此，弒悼公者疑為陳乞之子陳恆（陳乞先於該年卒），而絕非鮑牧。

八年之內，臣弒其君者三，其中陳氏專齊國之政，勢凌齊君，廢立無常，在一生致力重建封建秩序的孔子看來，是可忍孰不可忍。《左傳》中說孔子除了「三日齋」那般慎重其事外，還「請伐齊三」。「三請」更深刻地說明孔子對此事期待之殷切。但是，孔子終究又落空了。在體制上，孔子唯有向國君提出建言，而魯君空有國君虛名，政在三桓；三桓本身即是權臣，違禮悖制，與陳恆相類，如一丘之貉。魯君與三桓不能接受，孔子縱然失望，大概也不太意外。但是孔子的從政弟子也不能支持自己，或許才是讓孔子最痛心的事。

　　孔子的學生孟懿子卒於這年八月。「問夫三子」中
的孟孫氏，六月時還是孟懿子當家嗎？不確定。以《左
傳》哀公十四年所載成宰和孟武伯（洩，懿子之子）
的衝突來看，似乎此時已是孟武伯主導孟孫氏了。但
是即使孟懿子還當家，他在墮三都時都不能支持夫子
了，這時會同意孔子的主張的可能性也不高。

天或者以陳氏為斧斤，既斬喪公室，而他人有之，不可知也；使其終饗之，亦不可知也。

　　關於孔子對陳恆弒簡公請魯君討伐之事，最直接
的文獻當然是《論語》〈憲問〉二十二章和《左傳》哀
公十四年的記載。這兩段資料只提及孔子與魯君、三
桓的應對，因此孔子弟子們的態度似乎並不明確。也
因此，後世儒者乃有惜乎不能借子路、冉有之力完成
討伐陳恆大業之憾，如清儒顧棟高云：

魯國的兵權在三家大夫手中，而三家大夫的兵權在家臣。觀陽貨、弗擾尚且能以其眾畔（季氏），難道冉求、季路獨獨不可出兵以討賊呢？孔子能使仲由、冉求墮費墮郈，而三家大夫靡然聽從，那麼若當日孔子奉魯君之命，命家臣出其兵卒，而三家大夫哪敢違逆旨意呢？假使能得到哀公聽許，委任夫子以兵權，盡出魯國的甲兵，使家臣率領。這時子路雖仕於衛而冉有仍在魯，加以樊遲、有若都是勇銳之士，移檄遠近，聲罪致討，我想四鄰諸侯必有聞風響應，而齊國甲士將倒戈來迎。縱然不能梟陳恆之首，也當能誅殺當日親手格殺齊君的兇手，且更定齊國繼嗣。如此，則國威可振，周道可興。這哪裡只是不可能實現的空言呢！（《春秋大事表》〈孔子請討陳恆論〉）

在顧棟高看來，孔子的主張不能實現，只差那臨門一腳，並非蹈空之論。似乎只要魯君接受孔子的建議，

便可以跳過三家大夫，直接仰仗孔子弟子的力量，以成偉業。

姑且不論孔子才在兩年前（哀公十二年，西元前483年）因為冉有協助季氏推動「用田賦」，以為季氏已僭魯君，冉有猶「為之聚斂而附益之」，憤而與冉有斷絕師生關係，激動地說：「非吾徒也，小子鳴鼓而攻之可也。」（《論語》〈先進〉）在可見的文獻中，孔子對學生的批評，大概沒有比這更嚴厲的了。冉有是否可能支持老師的主張，文獻無徵，但是要說絕無異議，則未免太過樂觀。

子路這時在不在魯國呢？其實不是很清楚。孔子於哀公十一年（西元前484年）歸魯，子路當在此時隨孔子返魯而任季氏家臣。哀公十四年（西元前481年）春，小邾大夫射以其邑句繹奔魯，要求除非是子路，否則不與魯盟約。季康子使冉有遊說子路同意與盟，子路堅拒，對曰：

　　魯國如果與小邾國作戰，我不敢詢問緣由，就

是戰死在城下也在所不辭。他不盡臣道,您卻
實現他所說的話,將道義歸到他的身上,這我
可做不到。(《左傳》哀公十四年)

當時子路應當還在魯國。但是第二年秋,陳恆的
兄長陳瓘出使衛國時,子路即在衛國與之會面。當年
閏十二月,子路赴其主君孔悝之難,卒於衛國父子相
殘的奪位政變之中。(《左傳》哀公十五年)那麼,哀
公十四年六月陳恆弒齊簡公時,子路在魯?在衛?恐
怕還有待考證。

子路在衛會見陳瓘時說:

上天或許是用陳氏作為斧子,斲喪公室之後,
又為他人所有,猶未可知;也可能讓陳氏終究
享有,也未可知。若是善待魯國以等待時機,
不也是可以嗎?何必與魯國交惡呢?

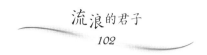

陳瓘表示：

> 是啊！我敬受命，您派人去告訴我弟弟吧！（《左傳》哀公十五年）

　　子路雖已去魯而仕於衛，仍懸念父母之國，然而他對陳氏弒君廢立之事，卻不以道德或禮制立場批判。子路其實是認識了當時的政治形勢，齊國大權落在陳氏手中，而陳氏在齊國經營既久，根深柢固，儘管有虧君臣之大節，但是大致是能掌握大局，難以撼動。因此務實地來看，能在齊國政權交替，急需尋求各國支持的時刻，為魯國爭得多一點的籌碼，恐怕才是更重要的。討伐逆臣，即使在與孔子有著最親近關係的子路看來，大概既非當務之急，也是不切實際的。

　　前文曾提及，魯昭公三十二年（西元前 510 年），魯昭公在流亡八年後，卒於乾侯。晉大夫趙簡子問史墨：

> 李氏大夫逐出他的主君，而人民順服，諸侯友

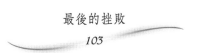

善對待，國君死於境外，卻沒有人怪罪於他，
這是為什麼呢？

史墨則以為：

> 天生季氏，與魯侯並立如同兩君，已經有很長
> 的時日了。人民順服季氏，豈非理所當然！魯
> 君世代失政，季氏世代勤政，人民早就遺忘了
> 國君。雖然死於國境之外，又有誰會矜憐他呢？
> 社稷沒有永遠不變的祭祀者，君臣沒有永遠不
> 變的地位，自古以來就是如此。所以《詩》說：
> 「高岸為谷，深谷為陵。」……魯文公逝世，
> 東門遂殺適立庶，魯君在這時就失去國政，權
> 力落到季氏手上，到了這位國君已經是第四代
> 了。百姓心裡沒有國君，國君又怎麼能得到國
> 政？（《左傳》昭公三十二年）

史墨的評論是否合乎魯國的現實，也許還有待更多的

資料支持。但是以陳氏在齊的情況看來，早在昭公三年（西元前 539 年）晏嬰出使晉國，答覆晉大夫叔向問起齊國局勢時便說：

> 這是末世景象，我不得不說齊國可能要歸於陳氏了。國君棄絕他的百姓，讓他們歸附陳氏。齊國過去有四種量器：豆、區、釜、鍾。四升為一豆，從升、豆、區到釜，後者是前者的四倍。十釜就是一鍾。陳氏的豆、區、釜三種量器，都加大四分之一，鍾的容量就大了。他用私家的大量器借出，而用公家的小量器收回。山上的木料，在市場上的價格不高於山上；魚、鹽、蜃、蛤，價格不高於海邊。百姓力量如果分成三份，兩份貢獻給國君，只有一份維持衣食所需。國君的蓄藏朽壞生蟲，而國中的老人卻挨餓受凍。國都的市場上，鞋子不值錢而義肢昂貴（喻刑罰嚴酷，受刖刑者眾）。百姓有痛苦疾病，陳氏就厚加賞賜，他愛護百姓如同父

母一般，而百姓歸附他也就如同流水，不可遏
止。(《左傳》昭公三年)

二十三年後，齊景公與晏嬰坐於路寢，有感於路
寢之壯美，以為有德者居之。晏嬰則對曰：

> 如主君所說，恐怕要歸於陳氏吧？陳氏雖然沒
> 有偉大的德行，然而對百姓有所施捨。豆、區、
> 釜、鍾這幾種量器，容積有大有小，從公田徵
> 稅就用小的，施捨給百姓就用大的。國君徵斂
> 繁多，陳氏施捨博厚，百姓自然歸附他了。《詩》
> 曰：「雖然沒有德澤於你，也應當且歌且舞。」
> 陳氏的施捨，百姓已經為之歌舞了。您的後代
> 如果稍稍怠惰，陳氏又如果不亡，那麼國家就
> 成為他的了。

接著晏嬰對齊景公說了一套「君令而不違，臣共而不
貳」的治國大道。(《左傳》昭公二十六年) 約略在景

圖 13　商鞅銅方升

圖 14　秦陶量

圖 15　清代標準石斗

圖 13 是商鞅監製的銅量器，內側左壁鑄有銘文：「十八年，齊運（率）卿大夫眾大聘。冬十二月乙酉，大良造鞅，爰積十六尊（寸）五分尊（寸）壹為升。」這是秦孝公十八年 (344 B.C.) 由商鞅所監造的度量衡標準器。圖 14 為 1930 年於山東鄒縣出土的「秦陶量」，秦代度量衡器，無論銅、陶、鐵、木製，皆鑄始皇帝二十六年統一度量衡的詔文。圖 15 為河南南陽內鄉縣衙大堂內，所放置清道光十六年 (1836) 的「糧行標準石斗」，銘文為「行內斗升不足者，陳稟官究責外，罰錢一千文」。度量衡的標準化是國家維持商業交易秩序的重要基礎工作，就齊國的經驗看來，也是避免權臣收攬民心的必要手段。齊國國君不懂得這件事的重要，卻因此而失去了政權。

公與晏嬰這段對話前後，孔子因魯國三家大夫逐昭公之亂，避居齊國，也曾在答景公問政時說：「君君、臣臣、父父、子子。」齊國的問題，當世賢者都很清楚。晏嬰甚至早在陳恆弒簡公之前五十八年，即預見陳氏代齊的終局。齊君聚斂，陳氏厚施，民心歸於陳氏久矣。因此，孔子所謂的「陳恆弒其君，民之不與者半。以魯之眾加齊之半，可克也」。是否是合乎齊國現實的判斷，恐怕也還有待商榷。

在陳恆弒君之後不久，哀公十四年（西元前 481年）八月，孟氏家臣成宰公孫宿叛，以邑奔於齊。第二年冬，魯大夫子服景伯出使齊國，子貢為介。陳恆接待時表示與魯國修好之意。子貢則歷數齊國過去對衛、魯二國的不公平待遇：

> 從前晉國攻打衛國，齊國為了衛國的緣故，攻打晉的冠氏，喪失了五百輛戰車。（齊國不顧自己的損失，還）因此贈與衛國土地，自濟水以西，禚、媚、杏以南，共五百個聚落。吳國

圖16　先師孔子行教像。唐吳道子
作，後世崇敬孔子為至聖先師的形像
大抵如此。

侵擾我國，齊國卻乘著我國的困窘，奪取了讙
與闡兩地，寡君因此感到寒心。如果能比照衛
君那樣事奉齊君，那本來就是我們的願望。

陳恆無言以對，又值初弒君不久，需要各諸侯的外交
支持，其兄陳瓘出訪楚、衛，自是為了鞏固邦誼。此
時既欲與魯修好，只好退讓，歸成於魯。(《左傳》哀

公十五年）

　　子貢顯然也是在承認陳恆已是齊國當前的實質統治者的政治現實下，運用外交謀略為魯國爭取最大的利益。儘管子貢和子路在孔子請求伐齊時的態度，史料不足徵，但是如果說因為他們是孔子的學生，理所當然會支持孔子的主張，恐怕是有問題的。

　　同時，哀公所謂「魯為齊弱久矣」，亦非推託之辭而已。《左傳》哀公十年（西元前 485 年）魯國助吳國伐齊，因齊悼公被弒，吳國還師。第二年春，齊國報復，國、高二氏帥師伐魯。季康子在冉有的運籌帷幄下，打了場漂亮的勝仗。五月，又會吳師伐齊，大敗

圖 17　孝經圖（局部）。南宋畫師繪《孝經圖卷》，彩繪歷代節孝故事。此圖只是其中一段，應為講學授業圖，也有人認為即孔子與門人授課情景。

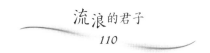

齊師。一年之內兩敗齊師，魯國上下並無矜誇之色，反倒更戒慎恐懼。

　　秋天，季孫命令修整戰備，說：「小國戰勝大國，這是禍患，齊國的報復沒有幾天就會來到。」（《左傳》哀公十一年）

理想與事功

　　若純就一個歷史中、想像中的封建秩序理想，陳恆弒君當然必須受到制裁。但是真實世界卻往往已遠離那一個只存在於「記憶」中的理想世界，這時候該怎麼辦？是要不打折扣，百分之百地打破現實，再造理想?還是在現實的基礎上尋求理想的最大實踐可能？理想與事功之間，恐怕是糾結在孔子一生當中，難以解開的最大困惑與最艱難的抉擇。

　　魯哀公六年（西元前 489 年）孔子六十三歲，楚昭王卒於城父，孔子在周遊列國中，最後一個可期待

的君王也落空。孔子自蔡返陳,曰:「歸與!歸與!吾黨之小子狂簡,斐然成章,不知所以裁之。」(《論語》〈公冶長〉)同年返衛,在衛國度過了十四年流浪生活的最後五年。其實在這時,孔子已經幾乎放棄了在列國能得志行道的可能,六十三歲的孔子,似乎也倦了、疲憊了。大約在孔子返衛這些年,子貢、冉有已先後返魯出仕,得到重用。哀公十一年(西元前484年)孔子返魯,孔門弟子在魯國大放光采。不只是冉有、子路、子貢三人在魯國政壇舉足輕重,執政大夫季康子對冉有更是言聽計從;除此,公西華出使、冉雍為季氏宰,包括後輩弟子如子游為武城宰、子夏為莒父宰、有若與哀公論政,甚至到後來,曾子弟子陽膚為孟氏用為士師。照說孔子當是否極泰來,到了晚年,終於守得雲開見青天,有了行道的大好良機。但是,孔子的這些從政弟子,除了初仕的後進弟子如子游、子夏,仍謹守夫子教誨,推行禮樂教化外,孔子與先進弟子間的矛盾卻日益深化。

非不說子之道，力不足也

陳力就列，不能則止。

　　哀公十一年（西元前 484 年），孔子初返魯，即與冉有之間對「用田賦」之事起了第一次衝突：

> 季孫想要按田畝徵調軍賦，派冉有去請教孔子。孔子說：「這我不懂。」問了三次，最後說：「您是國家元老，國家大政等著您的意見來施行，為什麼您不說呢？」孔子還是不作公開答覆。私下對冉有說：「君子的施政，要根據禮來衡量。施捨要力求豐厚、事情要做得適中、徵斂要盡量微薄，如果這樣，那麼按丘（一丘十

六井)徵賦也就夠了。如果不根據禮來衡量，而貪欲無法滿足，那麼就算是按畝徵賦，終究還是不夠。而且季孫如果要行事合於法度，那麼周公的典章不就在那裡嗎？如果要任意行事，又來問我做什麼呢！」李孫不聽。(《左傳》哀公十一年)

孔子此時還私下和冉有抱怨季康子，顯然他對這項新政策的不滿，還止於執政的季氏。但是當第二年這項政策推動，孔子發現冉有居然為季氏效力，「為虎作倀」，便止不住憤怒地要門人對冉有「鳴鼓而攻之」了。

這件事《國語》〈魯語下〉是這麼寫的：

季康子想要按畝徵調軍賦，派冉有徵求孔子的意見。孔子不作正式答覆，私下對冉有說：「求，你來！你不曾聽說嗎？先王制定土地肥瘠的差別，借助農民勞力耕作，又因其遠近而平均其徵稅；商賈居住的里廛，度量其財業之

有無來徵賦；以夫家為數來徵徭役，而免除老
人和幼童的力役。鰥夫、寡婦、孤子、病患，
有軍旅之事才徵賦，平時免除徵賦。有軍旅之
歲，每一井田地，徵收六百四十斛禾、二百四
十斗芻、十六斗米，絕不超過。先王覺得這樣
足夠了。如果季孫想要辦事合於法度，那麼周
公的典籍就在那裡；如果想要違犯法度，就隨
意去做吧，又徵求什麼意見呢？」

這段資料對「用田賦」的實質內容作了較清楚的
陳述。要言之，魯國此時的「用田賦」，杜正勝放在春
秋時期「擴大徵兵」的脈絡下來理解。僖公十五年，
晉國「作州兵」；成公元年，魯國「作丘甲」；昭公四
年，鄭國「作丘賦」；和哀公十二年，魯國的「用田
賦」；其實是從「新徵原來不用當兵的餘子和原來沒有
當兵權利的野人。徵餘子於先，徵野人於後，但後來
二者也逐漸合流」。西元前 482 年的「用田賦」「則全
農皆兵，不復有正夫餘子之別，也沒有國野的區分。」

（杜正勝，《編戶齊民：傳統政治社會結構之形成》）
　　又一次，季氏想攻伐魯國境內小國顓臾，冉有、
子路一同去見孔子，說起這件事：

> 季氏即將攻打附庸小國顓臾。冉有、季路見到
> 孔子，說：「季氏將要發動對顓臾的戰事。」孔
> 子說：「求！這難道不是你的過錯嗎？顓臾，是
> 過去先王封國於東蒙山下，來主持東蒙的祭祀
> 的。又在魯國國境之中，是魯國的社稷之臣。
> 為什麼要攻打他呢？」冉有說：「是季氏大夫的
> 意思，我和仲由都不想啊！」孔子說：「求！周
> 任曾經說過：『陳其才力，度己所任，以就其
> 位，不能則止。』瞽者危顛而不扶持，那還要
> 相者做什麼呢？而且你說得不對。虎兕從柙檻
> 中跑出來，龜玉在木盒中毀壞，那是誰的過錯
> 呢？」冉有說：「顓臾城防完固且近於費邑。現
> 在不攻取，必然成為後世子孫的禍患。」孔子
> 說：「求！君子怕的是不願承認自己的貪欲，而

必強辭粉飾。丘聽說有國有家的統治者，不憂心人口寡少，憂心的是施政不能均平；不擔心貧困，而擔心不能安民。均則不患於貧而和，和則不患於寡而安，安則不相猜忌，而無傾覆之患。像這樣，所以如果遠人不服，則修飭文德以招徠；既來之，則安之。現在由和求啊，佐助大夫，遠人不服而不能招徠；邦國分崩離析而不能守成，卻圖謀動干戈於邦國之內。我恐怕季孫之憂患，不在顓臾，而在蕭牆之內啊！」(《論語》〈季氏〉)

在這件事上，孔子對冉有已可謂是疾言厲色了。冉有先是表示並不同意季氏欲伐顓臾之舉，後來才又明白表態，其實他是支持攻取顓臾的。在這段資料中子路沒開口，但是孔子後來的批評是「由與求也」，子路也在內，可見子路原來的想法與冉有大致相近。又一次：

季氏於泰山旅祭 （陪臣祭國內名山大川，僭禮）。孔子對冉有說：「你不能阻止這事嗎？」冉有回答：「不能。」孔子說：「嗚呼！難道說泰山之神，還不如林放（懂得什麼是禮的大本）嗎？」（《論語》〈八佾〉）

圖18　泰山。圖為位居泰山之巔的碧霞元君祠，建於宋代。泰山封禪，一直是古代中國的統治者宣示自己是真命天子的重要儀式。「登泰山而小天下」，從圖中形勢看來，是有那個氣勢。

這段對話中，兩人道不同不相為謀的味道已經很濃厚了。季氏僭魯君，欲旅祭於泰山，孔子責其違制，要求冉有勸阻這件事，冉有卻不再多作解釋，只是淡然地說「不能」，而孔子責其不如林放之知禮。

孔子與冉有

孔子返魯之後，的確與從政諸弟子漸行漸遠了。特別是冉有，與孔子間的對話往往隱現著硝煙味。有一次，冉有退朝之後，見孔子請安，孔子問他何以較平日為遲？冉有曰：「有政事。」孔子便嘲諷地說：「是大夫之家事吧？若是國政，雖然我不得用，總能與聞其事。」（《論語》〈子路〉）

孔子的心情自然是失望與憤怒吧！好不容易指望到弟子得君重用，不但不能因此而行道，反而是離道日遠了。冉有是先進弟子，少孔子二十九歲，自孔子去魯周遊前即已入夫子門下。傷懷於弟子之不肖的孔子，這時也許心中會浮現出未得志時的冉有，在初聞

大道時那略帶青澀的容顏。如前述孔子中年未仕之前，
與子路、曾晳、冉有、公西華等談論「如或知爾，則
何以哉？」時，當時年約二十的青年冉有，回答夫子：

> 方六七十里地，或是方五六十里地的小國，讓
> 求去治理，大約三年，可以使人民富足。至於
> 禮樂教化，還得等待君子。(《論語》〈先進〉)

而孔子初去魯適衛，冉有為孔子駕車入衛國境內：

> 孔子讚歎：「百姓真是眾多啊！」冉有問：「百
> 姓眾多，再來還需要什麼呢？」孔子說：「讓百
> 姓富有。」冉有又問：「百姓既已富有，再來又
> 如何呢？」孔子說：「施予教化。」(《論語》
> 〈子路〉)

冉有面對孔子，其實一直都是恭謹有加，即使是
當朝為貴，權重一時，仍然在下朝後見孔子請安。孔

子問他：「何晏也（怎麼這麼晚呢）？」其實就像父親關懷兒子一般。後來因實際政治主張與孔子多所扞格，冉有的心中大概也有不少苦楚。他曾經對孔子說：「不是不喜悅夫子的『道』，只是能力不足啊！」孔子回答：「能力不足的，中道而廢，如今你也畫地自限。」（《論語》〈雍也〉）當冉有說「力不足」時，他的意思是指自己的能力不足呢？還是對孔子之道在現實世界中已沒有實踐的條件的委婉說法呢？

　　孔門弟子當中，冉有其實一直是個性謙退、誠實面對自己的不足。青年冉有在各言其志時說：「如其禮樂，以俟君子。」他對自己的政治才華充滿自信，卻對更高境界的禮樂教化，自覺力有未逮。當冉有問孔子：「聞斯行諸？」時，孔子回答：「聞斯行之。」其理由是：「求也退，故進之。」（《論語》〈先進〉）而冉有面對孔子對他背棄理想的責難時，只是說：「力不足也。」未曾多加辯解。

　　孔子晚年時，除了後進從政弟子游、夏之徒，也許由於出仕不久，政治位階不高，多還謹遵孔子教誨，

以禮樂化民成俗。而先進從政弟子，在掌有權位之後，卻也總是不能盡如孔子之意。有一次，子貢想要廢除告朔典禮中作為犧牲的羊，孔子反對，說：「賜啊！爾疼惜那羊，我卻更珍愛這禮。」（《論語》〈八佾〉）宰我主張改三年之喪為期（一年），孔子問宰我在期後除喪，「吃稻粱，穿錦衣，你能安心嗎？」宰我回答說：「安。」孔子激憤地說：「你能安心，就去做吧。君子居喪，吃美食不覺得甘甜，聽樂音不覺得快樂，居處時不能安心，所以不那麼做。如今你覺得心安，那你就去做吧！」又斥宰我為「不仁」。（《論語》〈陽貨〉）

「告朔餼羊」、「三年之喪」都是舊禮，在新的時代情境中，當「告朔」作為政治權力的正當性來源的舊體制漸衰，世卿、城郭、甲兵、施政……等其他因素逐漸對政權的正當基礎扮演了更重要的角色時，「告朔」之禮本身已經失去意義，又怎能守得住其中的細節呢？

「三年之喪」過於漫長，在《左傳》中屢見違制的記載，如《左傳》昭公十一年（西元前531年）五

圖 19
拜謁畫像磚

圖 20　講學畫像磚

圖 19 為出土於四川廣漢的東漢畫像磚。室內右方，端坐著一長者。左方四人，手持木牘，恭敬地跪拜。長者右手微抬以致意。孔子的學生在拜見老師時，大概也近乎此景吧！圖 20則是出土於四川成都的東漢畫像磚。左側老師據於榻上，憑几而坐，頭上且有遮灰的「承塵」。學生居於席上，其中五人，手捧簡冊，分列左右。一人與老師相對而坐，似乎正向老師請教疑難，其腰際還懸有刮削簡冊的書刀。

月，魯昭公母齊歸薨，同月，昭公如期舉行大蒐。「九月，葬齊歸，公不慼。」於是晉大夫叔向批評：

> 魯國的公室大約要衰頹了吧！國君發生大喪事，國家卻不停止田獵閱兵；有三年的喪期，卻沒有一天的哀戚。國人不為喪事而悲哀，這是不忌憚國君；國君沒有哀戚的容貌，這是不顧念親人。國人不忌憚國君，國君不顧念親人，能夠不衰頹嗎？恐怕還會失去國政大權呢！

昭公十五年（西元前527年），六月，周景王大子壽崩；八月，王穆后崩；十二月，葬穆后後即除喪。並宴請晉大夫荀躒，且向荀躒索討彝器。叔向又批評：

> 天子恐怕不得善終吧！我聽說：「據此以歡樂的必然死於此」。現在天子樂於憂傷之事，如果因為憂傷之事而死，不可謂善終。天子在一年之內有兩次三年之喪，卻在這個時候和弔喪的賓

客飲宴，又向賓客索取彝器，把憂慮當成歡樂無可復加了，而且不合於禮。彝器是因嘉獎功勳而來，而非緣於喪事。三年的喪禮，雖然地位尊貴，服喪仍得滿期，才合乎禮。現在天子即使不能服喪滿期，這時就飲宴奏樂也太早了，這也是不合於禮的。禮，是天子奉行的重大準則。一次舉動而違犯了兩種禮，這就沒有重要準則可言了。

可見當時周王已有提前除喪的彈性機制，即使如此，周王都不能守禮。魯昭公亦然。到了戰國時代，滕世子（滕文公）因孟子的指教，對其君父滕定公行三年之喪，而滕國「父兄百官都不願意」。且說：「我們的宗主國魯國先君不曾實行，我國先君也不曾實行。」（《孟子》〈滕文公上〉）三年喪制在現實世界中幾乎已名存實亡，宰我提出檢討，未為不可，但孔子卻都堅持舊禮制，不容改易。

　　封建體制告終，是從經濟、社會、政治、宗教、

意識型態……各方面整體的崩解，而非一點一滴枝節
的改變。當舊秩序整個的解體，在封建末世鉅變的當
頭，其實是在往一個新秩序探索。孔子所執守的封建
禮樂秩序，就是這麼一個正在解體的舊秩序。大架構
瓦解了，依附在其上的禮儀精神，也失去了維繫的現
實基礎。陳寅恪在〈王觀堂先生輓詞序〉中指出：

> 夫綱紀本理想抽象之物，然不能不有所依託，
> 以為具體表現之用；其所依託以表現者，實為
> 有形之社會制度，而經濟制度尤其最要者。……
> 近數十年來，自道光之季，迄乎今日，社會經
> 濟之制度，以外族之侵迫，致劇疾之變遷；綱
> 紀之說，無所憑依，不待外來學說之掊擊，而
> 已銷沉淪喪於不知覺之間；雖有人焉，強聒而
> 力持，亦終歸於不可救療之局。

說的雖是近現代中國的鉅變，然其思維模式，亦可詮
釋先秦之鉅變。孔子的堅持，愈發顯得他和現實中的

從政者（孔子謂之「斗筲之人」），彷彿走在兩條永不交會的平行線上，又或者說，是分別在相馳而過的兩列火車上，相去日遠。

仲尼，日月也，無得而踰焉。人雖欲自絕，其何傷於日月乎？多見其不知量也！

《論語》中記載季康子和孔子論政的幾條資料，應當都發生在孔子晚年居魯時：

> 季康子問：「使民敬、忠以勸，如之何？」子曰：「臨之以莊則敬，孝慈則忠，舉善而教不能，則勸。」（《論語》〈為政〉）

> 季康子問政於孔子。孔子對曰：「政者，正也。子帥以正，孰敢不正？」（《論語》〈顏淵〉）

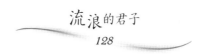

> 季康子患盜，問於孔子。孔子對曰：「苟子之不
> 欲，雖賞之不竊。」（《論語》〈顏淵〉）

> 季康子問政於孔子曰：「如殺無道，以就有道，
> 何如？」孔子對曰：「子為政，焉用殺？子欲
> 善，而民善矣。君子之德風，小人之德草；草
> 上之風，必偃。」（《論語》〈顏淵〉）

　　就如孔子與衛靈公的對話一般，孔子和當代的統
治者之間，往往就是這樣各說各話，搭不上調。季康
子問孔子怎麼處理盜賊橫生的問題，孔子正色罵他，
如果你自己不多欲貪婪，就算你給予獎賞，人民也不
至於去竊盜。季康子問以刑殺無道者來使社會趨於有
道的做法如何？孔子說只要你自己做好表率，哪裡需
要動刑？季康子問從政的要領，孔子說首先你自己要
先行得正。在季康子聽來，恐怕會覺得孔子每句話都
像是老夫子在訓話，讓他難堪。

　　魯襄公二十一年（西元前 552 年），孔子出生前一

年，《左傳》中記載了這麼一件事：

> 邾國的庶其帶著漆閭丘逃亡前來，季武子把襄
> 公的姑母嫁給他，並賞賜他的隨從。當時魯國
> 盜賊很多。季武子問臧武仲說：「您為什麼不禁
> 治盜賊？」武仲說：「盜賊不可以禁治，紇也沒
> 有能力禁治。」季武子說：「我國有四方的封
> 疆，可以藉以禁治盜賊，為什麼不能？您身為
> 司寇，去除盜賊是您的責任，怎麼做不到呢？」
> 武仲說：「您召來外邊的盜賊而大大地禮遇，怎
> 能禁止國內的盜賊？您作為正卿，讓外邊的盜
> 賊進來。卻要求紇去除國內的盜賊，我怎能做
> 得到？庶其在邾國偷盜了城邑而前來，您將姬
> 氏宗族女子作為他的妻子，還給了他城邑，他
> 的隨從都得到賞賜。如果用國君的姑母和他的
> 大城邑對大盜表示尊敬，其次的用皁牧輿馬，
> 再小的用衣裳劍帶，這是在賞賜盜賊。既賞賜
> 他，又要去掉他，恐怕困難吧！紇聽說，在上

位的人要洗滌他的心，專一地待人，旁人規度
君子的信譽，都能明白徵驗，然後才可以治理
別人。在上者的所作所為，是百姓的依歸。在
上者所不做的，百姓有人做了，因此施加刑罰，
就沒有人敢不警惕。如果上面的所作所為百姓
也做了，這是勢所必然，又能夠禁止嗎？……」

當時魯國執政是季武子（季孫宿），這段對話與七十年
後，孔子和季孫宿的四世孫季孫肥（季康子）有關
「盜」的對話何其相似。而邾庶其以漆閭丘奔魯，和
哀公十四年（西元前 481 年）小邾大夫射以邑奔魯，
子路拒與之盟，亦如出一轍。在這一點上，子路和孔
子倒是一般堅持。

也因此，孔子儘管是國之大老，孟懿子是他的學
生，冉有、子路、子貢這些在當時魯國舉足輕重的人
物是他的學生，甚至他的後期弟子多人，年方二十有
餘，便逐漸嶄露頭角，擔任邑宰，獨當一面。不論是
季康子還是魯哀公，表面上對孔子敬重有加，實際上

只不過將他供奉著，位尊而無權。這也是為什麼當孔子去世時，魯哀公敬致誄詞，子貢卻不領情的緣故。

　　相對地，子貢、冉有在魯國政壇上就備受敬重，特別是長於外交辭令，言談當中可以為魯國爭取利益的子貢。魯大夫叔孫武叔就曾兩次推崇子貢而貶抑孔子，子貢卻嚴辭駁斥：(《論語》〈子張〉)

　　　　叔孫武叔與大夫在朝廷中說：「子貢比起仲尼更加賢能。」子服景伯告知子貢。子貢說：「譬如宮牆，賜的牆僅及肩高，可以窺見室家的美好；夫子牆高數仞，如果不得其門而入，就見不到宗廟之美，百官之富。能得其門而入的人是很少的！因此叔孫武叔那麼說，不也很恰當嗎！」叔孫武叔詆毀仲尼。子貢說：「別這麼做，仲尼是不可毀損的。其他的賢者，如同丘陵也，猶可踰越；仲尼，如日月般，無從攀登踰越。有人雖然要自絕於仲尼，又哪裡能減損日月的光輝呢？只是適足以見到他的不自量力啊！」

子貢對孔子的推崇如此，甚至在孔子去世之後，眾弟子守心喪三年畢，唯子貢還廬於塚上又三年，方才離去。對孔子的孺慕之情，令人動容。

《禮記》〈檀弓〉：

> 孔子逝世，門人為該如何服喪感到困惑。子貢說：「當年夫子在為顏淵服喪時，比照喪子而不著喪服，為子路服喪也如此。請喪夫子，如為父而不著喪服。」

《史記》〈孔子世家〉云：

> 孔子葬於魯城北泗上，弟子都服喪三年。三年心喪結束，互相告別而離去，又痛哭，各自又盡其哀思；也有又留下的。唯有子貢結廬於塚上，共六年，然後離去。

而《孟子》〈滕文公上〉則云：

圖21　子貢像。子貢是孔子學
生中最為能言善道、長袖善舞
的。孔子曾說他好比宗廟貴器的
瑚璉，卻仍未及「君子不器」的
境界。子貢長於經商，家累千
金。孔子去世，弟子皆服三年心
喪，唯子貢廬於墓塚上，六年然
後離去。

　　過去孔子逝世，三年喪期之後，門人將要歸去，
進入揖於子貢，相嚮而哭，都悲痛而失聲，然
後歸去。子貢又折返，築室於墓塚上的壇場，
獨自居住了三年，然後離去。

　　〈孔子世家〉與《孟子》有六年、三年之異，今
從《孟子》。

以道事君，不可則止。

那麼孔子對那些讓他在晚年時失望的弟子，又怎麼看待呢？

孔子在晚年時，曾經有幾次和當朝大夫談起弟子們從政的條件，當孟武伯問起子路、冉有和公西華時，孔子分別稱道他們在軍事、政治、外交上的才華，卻不輕許以「仁」的評價。（《論語》〈公冶長〉）而季康子問子路、子貢和冉有時，孔子則分別以「果」、「達」、「藝」三個字來形容這三位高弟。（《論語》〈雍也〉）

但是當季子然問起子路和冉有稱得上是「大臣」否時，孔子認為他們充其量只是「具臣」，因為真正的「大臣」是「以道事君，不可則止」。可是季子然進一步問子路、冉有是否會順從於其主君，孔子卻正色回答：「弒父與君，亦不從也。」（《論語》〈先進〉）這就是孔子對子路、冉有的不滿、和最低限度的信心。子路曾問孔子事君之道，孔子說：「勿欺也，而犯之。」

（《論語》〈憲問〉）「事君有犯而無隱」事實上正是孔子所期待建立的新政治倫理，「從道不從君」則是從政的最高指導原則。在孔子眼中，他固然對子路、冉有與他在諸多事件上的分歧感到不滿、悲傷，甚至是憤怒，在孔子看來，那是弟子們的墮落，背棄理想。但是遇到悖逆君父之大節，孔子相信弟子是不至於輕易棄守的。郭沫若在《十批判書》的〈孔墨的批判〉中，引《墨子》〈非儒〉中的說法，認為孔子參與白公、田常（陳恆）謀亂，又引《莊子》〈盜跖〉曰：「田成子常殺君竊國而孔子受幣」，認為孔子是幫助亂黨，鼓勵顛覆政治秩序的。並說：「我們與其相信神道碑上的諛詞，無寧相信黑幕小說上的曝露。」其實是不值一駁的。

　　正如前文所述，哀公十四年（西元前 481 年）春，小邾大夫射以其邑句繹奔魯時，要求與子路訂盟。子路拒絕，連冉有和季康子都不買帳，理由是：小邾大夫射背棄了自己的邦國與君主。從這件事可以看到子路對君臣倫理的堅持，那麼，他對陳恆弒君之事，豈能同意？杜正勝以為孔子所「提示給學生的是一種頂

天立地的君子人格，而非封建時代的家臣倫理。」（杜正勝，〈流浪者之歌〉）子路卻始終不能體會此深意，至死仍硜硜然堅守家臣倫理。子路在哀公十四、五年間（西元前481～前480年）離開魯國到了衛國。固然與公伯寮在季康子面前詆毀子路有關。但是他在大節上的堅持，讓季康子感到不悅，恐怕是重要原因吧！《論語》〈憲問〉：

> 公伯寮在季孫跟前說子路的壞話。子服景伯告訴孔子，說：「季孫大夫仍然不能盡信於公伯寮，我還有能力讓公伯寮陳屍市朝。」孔子說：「道能行嗎？這是命。道將廢棄嗎？這也是命。公伯寮能拿天命怎麼樣呢！」

這段史料的爭議在於發生的時間為在孔子為大司寇，子路季氏宰的時期？還是孔子晚年居魯時？崔述《洙泗考信錄》、錢穆《孔子傳》主張前者，杜正勝〈流浪者之歌〉主張後者，今從杜說。

　　也因為子路（也許應該再加上冉有、子貢皆然）在陳恆事件上的價值判別與孔子無異，我們更能推想，他們之所以不支持孔子出兵討陳恆的主張，是在現實的可行性上的考量，換言之，孔子與諸弟子的分歧是在「實然」的層次，而非「應然」的層次。

　　不論在「應然」還是「實然」的層次上，都與孔子莫逆於心，「造次必於是，顛沛必於是」的，也許只有顏回了。

　　顏回與孔子不只是情逾父子，就在孔子政治生涯中的最後一擊失敗，黯然神傷之時，顏回早逝，帶給孔子的除了傷痛之外，恐怕還有《廣陵散》自此絕矣的意味。

傷　逝

吾道窮矣！

　　魯哀公十四年（西元前 481 年），同時是獲麟之年，也是孔子作《春秋》絕筆之年。這一年，孔子在政治理想的實踐上，奮力作出最後一擊，結果是失敗的。從孔子在請見魯君、三家大夫受挫之後，告訴別人的「以吾從大夫之後，不敢不告也。」（在《論語》中，這句話連說了兩次，很有點老人家發牢騷、絮絮叨叨的感覺。）看來，其實孔子對這件事早有「知其不可而為」的自覺。兩年前（哀公十二年，西元前 483 年）孔子才白髮送黑髮，長子伯魚去世。哀公十四年（西元前 481 年），也就是陳恆弒君之年，顏淵中年早逝，孔子悲慟逾恆。哀公十五年（西元前 480 年）

底，子路死於衛國父子相殘的奪位政變中。兒子和兩個最親近的學生，在四年內相繼去世。一年後的哀公十六年（西元前 479 年）夏四月己丑，孔子帶著滿腹的理想，抱憾而終。

孔子晚年居魯，雖然重新整理詮釋六藝，培養出曾參、子游、子夏、有若等孫子輩的後進學生，也因此傳下他奮鬥一生，無日或忘的「道」的理想。但是他人生的最後這五年，恐怕是悲傷多過欣慰吧！畢竟孔子是個實踐家，而非空想的哲學家，「退藏於密」只是不得已的後路，「行道於天下」才是他真正的想望。但是就實踐的層次來說，孔子是個徹底的失敗者，終其一生，他不斷地等待、焦慮、殷盼與挫敗。

錢穆說：「蓋孔子早年講學，其意偏重用世。晚年講學，其意更偏重明道。來學者受其燻染，故先進弟子更富用世精神，後進弟子更富傳道精神。」（錢穆，《孔子傳》）杜正勝則以為，孔子「對後世的影響卻靠人生最後四年才收的幾個小學生而發揚光大。」「早期的學生有的走了（如子路），有的死了（如顏淵），有

的忙於政事（如冉求、子貢），在身邊的多是後進『小
學生』。但也正有這短短四年，有這批孫子輩的學生，
孔子才可能成為儒家始祖，我們甚至可以這麼說，中
國歷史才有所謂的儒家。」（杜正勝，〈流浪者之歌〉）

　　孔子晚年回顧自己的一生：

　　　　吾十有五而志於學，三十而立，四十而不惑，
　　　　五十而知天命，六十而耳順，七十而從心所欲，
　　　　不踰矩。（《論語》〈為政〉）

　　其中有著歷盡滄桑後的豁達，但是這樣的豁達，
究竟在孔子晚年生命當中占有多大的比例？《論語》
〈述而〉中記錄了孔子說的一句話：「甚矣吾衰也！久
矣吾不復夢見周公。」即使在已到五十之年，「循道彌
久，溫溫無所試」（《史記》〈孔子世家〉）苦無行道機
會的孔子，當公山弗擾以費畔而召時，猶豫著該去還
是不去時，曾這麼說：「夫召我者而豈徒哉？如有用我
者，吾其為東周乎？」（《論語》〈陽貨〉）當孔子抑鬱

不得志時，固然說：「道不行，乘桴浮於海，從我者，其由與？」而子路聞之喜悅時，孔子又說：「由也，好勇過我，無所取材。」（《論語》〈公冶長〉）甚至在周遊列國，幾番艱險時，孔子仍然堅定而有自信地說：「天生德於予，桓魋其如予何？」（《論語》〈述而〉）「文王既沒，文不在茲乎？天之將喪斯文也，後死者不得與於斯文也；天之未喪斯文也，匡人其如予何？」（《論語》〈子罕〉）這些故事，在在都說明了孔子的意志力何等堅強。然而當孔子說：「甚矣吾衰也！久矣吾不復夢見周公。」乃至顏淵去世時，他悲慟地說：「天喪予！」（《公羊傳》哀公十四年）那樣的無可奈何、甚或是絕望的心情。這樣的心情，和「六十而耳順，七十而從心所欲，不踰矩」的豁達，恐怕是兩種不同的心境吧！

〈孔子世家〉這麼描述「西狩獲麟」：

魯哀公十四年春天，狩獵於大野。叔孫氏的車士鉏商捕獲一異獸，以為是不祥之物。仲尼檢

視，說：「這是麟。」因此拿取。孔子說：「河不出圖，雒不出書，我還能如何呢！」顏淵逝世，孔子說：「上天要亡我啊！」等到這回西狩見麟，孔子說：「我的道已經到了窮途末路！」喟然興歎，說：「沒有人能了解我！」子貢問：「怎麼說呢？」子曰：「不怨天，不尤人，下學人事而上達天命，知我的只有上天了吧！」

「天喪予」、「吾道窮矣」、「莫我知夫」，這就是兩千五百年前，那位無可救藥的夢想家，最終不得不承認自己的夢想永遠不能實現的悲鳴。孔子的傷逝，除了傷

圖22　麒麟。中國人想像中的「麒麟」。明代鄭和第五次下西洋，麻林國贈送明王朝許多珍奇異獸，其中有所謂「麒麟」者，其實是長頸鹿。

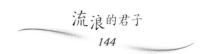
懷顏回、子路、伯魚的逝去，也是哀悼自己的夢想的
死亡。

子在，回何敢死？

正如通過對春秋時期歷史的寫作，來負載現實世
界中不能行的「道」一樣；暮年的孔子，一定經常回
憶往事，在當中尋求可以支持自己的力量。在孔子琦
瑋跌宕的生命當中，可稱得上驚心動魄的事太多了。
哪些才是他恆常記掛心頭的呢？

顏回的死，孔子在傷痛同時，一定會憶起十六年
前，落難於匡，師生失散，顏回未能跟上老師。孔子
焦急地等待，終於顏回來了，孔子激動地說：「我還以
為你已經死了呢！」顏回答說：「夫子還在，回哪裡敢
先死？」（《論語》〈先進〉）

這樣的回答當然是沒什麼道理的，但是卻鮮活地
刻劃出孔子和顏回之間的深摯情誼。顏回總是那麼態
度從容，總是那麼淡泊無所求。從學於孔子之後，他

似乎一直在孔子身邊 ， 如影隨形 。 他對孔子所傳的
「道」，總是能莫逆於心，又能篤行信守，三月不違。
他不像子貢那樣機敏聰慧，不像冉有那樣沉穩幹練，
不像子路那樣義無反顧、豪邁過人。他的話總是很少，
卻言必有中。孔子曾說：「我與回談論終日，他始終如
愚者般地不違師說。而後察考他的生活，也都能發揚
我所說的義理。回啊，他一點也不愚笨。」（《論語》
〈為政〉）孔子對學生的最好的讚辭，都落在顏回的身
上。如：

> 子謂顏淵，曰：「惜乎！吾見其進也，未見其止
> 也。」（《論語》〈子罕〉）

> 子曰：「回也非助我者也，於吾言無所不說。」
> （《論語》〈先進〉）

> 哀公問：「弟子孰為好學？」孔子對曰：「有顏
> 回者好學，不遷怒，不貳過。不幸短命死矣！

今也則亡，未聞好學者也。」（《論語》〈雍也〉）

子曰：「回也，其心三月不違仁，其餘則日月至焉而已矣。」（《論語》〈雍也〉）

子曰：「賢哉，回也！一簞食，一瓢飲，在陋巷。人不堪其憂，回也不改其樂。賢哉，回也！」（《論語》〈雍也〉）

圖23　陋巷遺址。傳說中顏回曾居住的「陋巷」遺址。孔子曾經這麼讚美他的得意學生：「一籮筐粗食，一瓢清水，窮居陋巷，人人都不堪其憂，回卻不改其樂，真是賢德啊！」

孔子和顏淵之間的確有著極特殊的情愫。孔子與其他的弟子之間，是一種師弟之間傳道、授業、解惑的關係，但是顏淵與孔子卻是莫逆於心。孔子曾說：「回也非助我者也，於吾言無所不說。」甚至孔子曾對子貢說，我和你都不如顏回啊！

顏回這次真的走了，孔子還在，他就先走了，不能信守「子在，回何敢死？」的許諾。而且是在孔子最喪志，早年的弟子們一個個離開他堅守的道路，走到他的對面的時刻。對孔子來說，這真是重重的一擊，其力道應該超過陳恆事件和西狩獲麟對孔子的打擊。這一擊，把孔子頑強的意志力幾乎打垮了。

柴也，其來；由也死矣。

顏回死後一年，子路因赴衛大夫孔悝之難而死，魯哀公十五年（西元前 480 年），衛國糾纏十數年的家庭倫理（兼為國家倫理）大鬧劇，終於演出完結篇。孔文子死，其夫人孔姬，即衛大子蒯聵的姊姊，接應

蒯聵祕密歸國，挾持自己的兒子孔悝，要求孔悝站在
蒯聵這一邊，趕走蒯聵的兒子衛出公輒。子路聞訊趕
去，《左傳》這麼寫著：

> 子路正要進入，遇到子羔要出來，說：「城門已
> 經關閉了。」子路說：「我姑且去看看。」子羔
> 說：「來不及了，別去遭受禍難。」子路說：
> 「食人俸祿，不能禍到臨頭就逃避。」子羔於
> 是出去，子路進入。到了（孔氏）大門口，公
> 孫敢在那裡守門，說：「不要再進去了。」子路
> 說：「公孫啊，只謀其利而逃避禍難。我不是這
> 樣。既然要得到他的俸祿，必得要救援他的禍
> 患。」有使者出來，子路就乘機進去。說：「太
> 子哪裡用得著孔悝呢？就算殺了他，一定有人
> 接替他的角色。」又說：「太子膽小。如果放火
> 燒臺，燒到一半，他必然會釋放孔叔。」太子
> 聽了害怕。讓石乞、盂黶下來和子路搏鬥。用
> 戈擊中子路，截斷子路的帽帶。子路說：「君子

死，帽子也不能除去。」結好帽帶而死去。孔子聽說衛國發生亂事。說：「柴會來的；由可是要死了啊！」

孔子人在魯國，聽聞衛國的動亂，斷言子路將死，他對子路的了解可謂深矣。子路自從歸服於孔子門下，數十年來追隨夫子，無日或離。他在孔門弟子中年歲較長，只少孔子九歲，早在孔子第一次，也是唯一一次在魯國政治上受到重用時，就和老師並肩作戰，甚至有學者認為「墮三都」其實是子路所主導的。

　　子路為人質樸、豪邁，有時還有些魯莽。孔子答冉有問「聞斯行諸」時，說：「聞斯行之」；而對子路卻說「有父兄在」。對弟子的疑惑，孔子說：「由也兼人，故退之。」（《論語》〈先進〉）當孔子說：「由之瑟奚為於丘之門」時，門人因此不敬子路。孔子卻迴護子路說：「由也升堂矣，未入於室也。」（《論語》〈先進〉）

　　當孔子悲傷地預言了子路之死時，一幕一幕的往事，想必浮上孔子的心頭。

　　居魯未仕之時，顏回、子路兩位最得孔子疼愛的弟子隨侍在旁。孔子要弟子言志，顏回雲淡風輕地說：「願無伐善，無施勞。」子路卻豪氣干雲地說：「願車馬、衣輕裘，與朋友共，敝之而無憾。」（《論語》〈公冶長〉）

　　孔子當然不會忘了，在他兩次動念要應公山弗擾與佛肸之召時，子路提出強烈的質疑；當他不得已去見衛靈公夫人南子時，子路毫不隱諱地表現出他的不悅，以至於夫子必須對天發誓，如果我違背了一向堅持的信念，老天也要懲罰我呀！

　　當然孔子也一定會想起，當自己對「行道」的前景開始感到悲觀的時候，說：「道不行，乘桴浮於海，從我者，其由也與。」（《論語》〈公冶長〉）的時候，子路那種喜悅之情，就好像一個天真爛漫的孩子，興奮地準備要玩一場家家酒似的。這時，眼角泛著淚光的孔子，是否會禁不住地微笑呢？

　　那個屬於孔子和子路共築的海外仙境在哪裡呢？

孔子的兩個世界

　　子路像孔子的兄弟，而顏回則如同兒子般，兄弟和父子俱是深情，但是畢竟是不同的感情形式。孔子心中最愛惜、甚至敬重的學生，當然還是顏淵了。可以說，孔子對待顏淵，除了師弟之誼、近乎父子之情，還有一種難以言喻的、「心嚮往之」的感覺。

　　孔子之傾心於顏淵，恐怕還不只在於顏淵在知識和道德上有什麼樣的成就，也不只是顏淵總是最能了解他的心意。更在於顏淵既能體會孔子所謂的「道」、又能堅定地相信「道」的價值，也能堅持「道」的理想而不動搖、不打折扣，最重要的是顏淵面對實踐的困境時，能夠從容地面對，永遠地平心靜氣，不受外在世界的干擾。

　　孔子曾對顏淵說：「用之則行，舍之則藏，唯我與

爾有是夫！」(《論語》〈述而〉) 但是當「舍藏」的時候，顏淵的「自得」，不為外物所牽絆，卻是孔子的人格特質中所沒有的。顏淵的「不改其樂」，不只是安於「簞食瓢飲」而已。當顏淵對孔子說：「不容何病，不容然後見君子！」時，孔子欣然笑道：「有是哉顏氏之子！使爾多財，吾為爾宰。」(《史記》〈孔子世家〉) 孔子說的不是顏淵能明白他的心意，而是：孔子只是在理性上「不容何病」，但是對「道」不行，他卻是懸在心中，不能不在意。顏淵則是真正不窒於外物，自由自在。

兩個孔子

孔子在中年未仕之前，曾經和幾個學生談起，若能得到賞賜重用，能做些什麼？曾皙在子路、冉有、公西華分別陳述自己大志之後，說：

莫春者，春服既成。冠者五六人，童子六七人，

　　浴乎沂，風乎舞雩，詠而歸。

孔子當時喟然歎曰：「吾與點也。」（《論語》〈先進〉）
其實孔子心中一直潛藏著一個隱者的願望。也許可以
說，有兩個孔子，一個是儒家的、入世的孔子；一個
是道家的、出世的孔子。前一個孔子是顯於外的，後
一個孔子則是隱於內的。

　　孔子的心中，也許始終有個潛藏著的「道家式」
的、「隱者」的、「出世」的孔子，與彰顯於外的「儒
家式」的、「行者」的、「用世」的孔子在對話。孔子
的「放不下」，在於「用世」的孔子始終勝過了「出
世」的孔子。五十歲以前，孔子仍未能有在政治一展
身手，實踐理想的機會。孔子一直居於一個衰亂世道
的旁觀者、批評者的身分，那時的孔子，情願與否，
也許還能有些許的閒逸心情。有點突然地，孔子得到
了機會，在政治上有個位置，能夠實踐他的理想，從
此那個隱逸的孔子再也找不回來了。

　　也因此，當孔子在陳、楚道上，和隱者的相會、

擦身而過，其實孔子像是在和那隱遁在心中的另一個自己對話。隱者的孔子，在這時，被陳、楚道上的隱者的言語召喚了出來；但是用世的孔子卻仍不斷地告訴孔子：「世衰道微，天命在爾」，現實的困境是可以預期的，「人能弘道，非道弘人」(《論語》〈衛靈公〉)，如果以為「行道」能夠帶來安逸、富貴，那豈不是把至高無上的「道」作為工具看待了嗎？

現實中的「行動策略」

孔子自陳返衛，在衛國度過了流浪在外的最後五個年頭。當時衛君為出公輒，其父蒯聵則寄旅於晉，尋找機會回國奪位，出公則抗拒乃父，力保君位。當時子路和孔子曾有這麼一段對話：

> 子路問：「衛君如果等著夫子來施政，您的首要之務是什麼？」 孔子說：「正名是最重要的了！」子路說：「是嗎？您太迂闊了吧！要正些

什麼呢？」孔子說：「由啊你真是粗鄙！君子對
自己不知道的事，就先閉口不言。名不正當其
實，則言語不順達；言語不順達，則事理不能
成功；事理不能成功，則禮樂不能興起；禮樂
不能興起，則刑罰不能合宜；刑罰不能合宜，
則百姓無所措手足。所以君子的名位必可言說，
言說必可施行。君子對於自己的言說，是絕不
苟且的啊！」(《論語》〈子路〉)

「正名」者，即「君君、臣臣、父父、子子」，蔣伯潛
云：「蒯聵欲藉他國之力以與子爭國，則父不父矣。輒
藉口於祖父之命以拒父，則子不子矣。」如果父不父，
子不子，蒯聵、輒各打五十大板，那麼，究竟孔子的
解決之道是什麼？孔子並未明言一種「具體的」解決
方案，而是提出一個抽象的「普遍性原則」。在子路看
來，他也許只聽到了孔子的「政治評論」和「政治理
想」，卻接收不到在「現實政治」中的處理策略。因此
子路直言孔子之「迂」，結果是被夫子訓了一番。

　　這件事是當時衛國最重大的政治現實，孔子的弟子們都很關心孔子的意向。冉有還通過子貢去詢問孔子的態度。見《論語》〈述而〉：

　　　冉有問：「夫子會站在衛君　（出公輒）　這邊嗎？」子貢說：「好，我去問夫子。」進入見到孔子，說：「伯夷、叔齊是怎樣的人？」（孔子）說：「是古代的賢人。」（子貢）說：「他們有怨嗎？」（孔子）說：「求仁而得仁，又有何怨。」（子貢）出來後，說：「夫子不會為衛君的。」

伯夷、叔齊是讓國的賢君子，與蒯聵、輒父子的爭位恰成強烈的對比。聰明的子貢，一聽孔子對伯夷、叔齊的讚頌，自然就了解了孔子對衛國父子爭位的批判態度了。

　　質言之，孔子和其先進從政弟子，如子路、子貢、冉有之間，最大的差別在：孔子要求的「行道」，是不打折扣、如實的重現；而弟子們的用世，是在現實條

件當中，尋求最大的實踐空間，必要時（而且事實上幾乎是所有的時候），可以把道「存而不論」，暫時擱置一旁。這也就是為什麼子貢會說：「夫子之道至大也，故天下莫能容夫子。夫子蓋少貶焉？」卻被孔子批評：「爾志不遠。」也是為什麼冉有會說：「非不說子之道，力不足也。」而孔子指責其畫地自限。問題是，弟子們也許認為，不讓「道」的實踐有些彈性，反而是什麼也做不了。或者說，弟子們要求的是一個在現實中「可行」的「行動策略（或方案）」，而在他們看來，孔子或者提不出「行動策略（或方案）」來，或者所提出的「行動策略（或方案）」在現實中是「不可行」的。

孔子為季氏所排拒，但是弟子冉有、子貢、子路，卻得到季氏的重用，顯然，弟子們在政治上的選擇與孔子是不同的，而這樣的選擇和實踐方式，是季氏可以接受的。事實上，諸弟子們對現實政治的認知和價值的判定，恐怕是和孔子漸行漸遠了。孔子所描繪的「道」的理想世界，在務實的從政弟子眼中，也許只

能永遠存在過去的歷史意象、和想像中的純淨美好世界之中。在這裡，孔子所因循的「過去」和他所想望的「未來」是同一的，但是現實卻是另一番風景。江水滔滔東流，歷史中的個人，無法力挽狂瀾。理想世界可以設定一切的條件，可以呈現出最純淨的面貌；而現實世界卻是複雜萬端，有著太多的分歧與變數。因此，任何純淨的理想，一旦落實到實踐的層次上，必然會映照出不同的面容。從某個角度來看，那未必就是墮落，而是「道」（理想）在現實中所容許的實踐形式。也就是說，「道」在人間，只可能以「轉化」過後的形式呈現出來。在這層意義上，從對「理想」百分之百的堅持，走到追求現實中的最大可能（事功），是可以有其積極正面意義的。理想與事功，天上人間，其實是可以各有風華的。

歷史的「王國」

如果「天上」和「人間」註定是不可能同一的，

如果「道」與「真實世界」永遠不可能走到一起，一個堅定的、百分之百的理想主義者如孔子，在「行道」之路日暮途窮之後，還能有什麼選擇嗎？

孔子之後四百年，漢代史家司馬遷作寫作《太史公書》的〈自序〉時，假借與友人壺遂的對話，說明自己著史的精神，他回答的虛擬問題是「孔子何為作《春秋》」，司馬遷如是說：

> 我聽董先生說過：「周道衰廢，孔子擔任魯國司寇，諸侯陷害他，大夫壅阻他。孔子知道他的主張不能得用，『道』不可能行於當世，於是他作《春秋》，評斷二百四十二年間的是非，作為天下道德行事的標準。貶抑天子，斥退諸侯，聲討大夫，來成就王者之事。」

司馬遷又假借壺遂的疑問，說出：「孔子的時代，既無賢明主君，又不能得到任用，所以作《春秋》，垂空文以斷禮義，作為王者之法。」（《史記》〈太史公自序〉）

孔子雖在現實政治中不如意，但是在後世儒者如董仲舒、司馬遷的眼中，孔子之作《春秋》，乃為「天下儀表」、「當一王之法」。《春秋》作為歷史裁判的準則，所謂的「達王事」，便不只是作為一時的王者，亦且是在俗世君王之上的超越力量，所以不只是「退諸侯，討大夫」（這是世俗的王者可以作的事），尚且可以「貶天子」（只有超越世俗界的「王者」才能辦得到）。在那個「上無明君，下不得任用」的天崩地壞的時代中，上無堯舜之君，又「不得任用」的孔子，只有立教以明治，即董仲舒所說的「孔子立新王之道」。(《春秋繁露》〈玉杯〉)「垂空文以斷禮義」，「空」與「素」互訓，後漢學者亦多有以孔子為「素王」之說，如應劭說：「仲尼制春秋之義，著素王之法。」(《風俗通義》〈窮通〉)王充說：「孔子作《春秋》，以示王意。然則孔子之《春秋》，素王之業也。諸子之傳書，素相之事也。」(《論衡》〈超奇〉)「素王」、「素相」之說，簡直是在文化的世界中，打造了個朝廷。

　　孔子身後一個半世紀，孟子也說過「春秋，天子

之事也」。又說：「是故孔子曰：『知我者，其惟《春秋》乎！罪我者，其惟《春秋》乎！』」（《孟子》〈滕文公下〉）「知我」、「罪我」，正在於孔子無其位而行天子之事。孔子作《春秋》以當「一王之法」，換言之，他是在對過去歷史的記錄中，打造了一個想像中的王國，「道」行在其中，無所窒礙。現實中的不公不義，在歷史的法庭上都得到了平反。

孔子晚年的真正成就，在於通過著述來記錄他無法在當世實踐的「道」，並傳其「道」於晚年後進弟子。孔子所信的「道」，在他看來，是實際存在於過去的歷史之中的。「仲尼祖述堯舜，憲章文武」，堯舜三王，就是他所嚮慕的「道」的世界。因為「道」是真實存在於過去，因此孔子說自己是「述而不作」。（《論語》〈述而〉）

儘管漢儒多稱孔子為「素王」，但是那畢竟只是在文化世界中，為一個作古已久的先聖加上桂冠，當下的政治世界中，「王者」的權杖豈容窺探？「聖人」而為「王者」既然不可企想，儒者最多只能懷抱著「明夷

待訪」的盼望，在文化世界中樹立了自己的王國之後，等待著現實中的「王者」能取法其間，行道於天下。但是，孔子畢竟是在「現實世界」之上，通過對美好時代的「追憶」，建立了一個「想像」的「道」的世界。「乘桴浮於海」，原來浮海的舟船正是孔子所建構的典籍世界；渡河的津口，正是對「歷史」的回顧／瞻望。

晚年的孔子，在一生的挫敗後，承認「道」之不行，在堅持一生之後，終於放棄在現實世界中「行道」的努力，退而在著述中建構他的理想世界。孔子並未歸隱，「用行舍藏」，藏身於現實政治的前線之後，隱身於「行道」的路途之外，孔子其實只是選擇了另一條道路，另一種「行道」的可能，他把決戰的沙場，放在未來的世界之中。

尾　聲

當孔子大約五十之年時，與顏回、子路各言其志，孔子自己所說的，其實平淡無比，卻又意味深長：

> 老者安之，朋友信之，少者懷之。（《論語》〈公冶長〉）

其實，美好社會不是那麼複雜，簡簡單單的十二個字，不就是一個安祥寧靜的社會嗎？但是要完成這麼簡單的願望，卻要經過現實中繁複的操作，就是因為追求能掌握這個操作的程序，啟動了孔子艱苦的一生，讓他「苦其心志，勞其筋骨」，命運之神還不時「行拂亂其所為」，孔子因而「動心忍性」，苦尋出路。這樣的過程，正是作者在這本小書中想要告訴讀者的故事。

　　沉潛時候的願望總是純淨而美好的，因為實踐的腳步還沒邁開，一切真實世界中的非理性因素未曾介入，在想像與企盼中，可以構築一個淳美的夢境。只是，當圓夢的步伐踏出，「真實世界」立刻逼近來，讓夢幻的追逐者無所迴避。就好像望著水中月，平靜無波，但是一旦伸手撈月，盪起的漣漪，讓明月與自己水中的倒影，都成了破碎的臉。恍兮惚兮，原以為近在眼前的明月，卻可望而不可即。夢醒時分，能不大汗淋漓，驚魂難定？

　　但是，「伸手」之必要，卻是一切為水中月的皎潔明亮所媚惑者，無法抗拒的事。「伸手」、「起步」，於是築夢的人便開始無休無止、卻又徒勞無功的逐夢之旅。

　　這樣的旅行其實是一種流浪，流浪者唯一的居所是他自己心中的夢想。出得我心，「真實世界」從四面八方襲來，顛沛流離，是流浪者命定的生命情調。孔子曾如是說：

　　　富與貴是人之所欲也，不以其道得之，不處也；

> 貧與賤是人之所惡也，不以其道得之，不去也。
> 君子去仁，惡乎成名？君子無終食之間違仁，
> 造次必於是，顛沛必於是。(《論語》〈里仁〉)

「造次必於是，顛沛必於是」正是孔子的夫子自道。

「用世」的孔子是失敗的，從世俗的角度看，甚至是徹底失敗的。或者從理想的（歷史的、想像的）「道」的實踐來說，是註定要失敗的。

孔子一直都知道「道不行」似乎是不可能改變的命運，但是他始終堅持「君子之仕也，行其義也。道之不行，已知之矣。」(《論語》〈微子〉) 彷彿是希臘神話中推著巨石的薛西弗斯；也像是中國神話中在月宮中伐桂的吳剛，永恆地做著徒勞無功的事。事實上，他更像韋伯 (Max Weber) 在〈學術作為一種志業〉那篇偉大的講稿中所說的那位守夜人，在無止盡的黑夜當中堅定恆久地守候著黎明的到來。從另一個角度看，「守夜者」的存在，給黑暗的現實世界一個永遠的提醒。儀封人所說的「天下之無道也久矣，天將以夫子

為木鐸」(《論語》〈八佾〉)，事實上是「守夜人」的中
國式提法。那雖然只能是現實世界中「問津者」的永
恆鄉愁，但是沒有那種意義的原鄉存在，現實中的人
們，只有隨著風風雨雨而飄搖不定。

如果君子不再流浪——再版後記

一

　　七年前 (2000)，我受邀在第三屆國際漢學會議發表論文，當時我以〈理想與事功：孔子的晚年及其弟子〉為題，在那篇文字中，我試圖探究關乎孔子晚年的一個重要命題：

　　孔子晚年居魯，雖然重新整理詮釋六藝，培養出曾參、子游、子夏、有若等孫子輩的後進學生，也因此傳下他奮鬥一生，無日或忘的「道」的理想。但是他人生的最後這五年，恐怕是悲傷多過欣慰吧！畢竟孔子是個實踐家，而非空想的哲學家，「退藏於密」只是不得已的後路，「行道於天下」才是他真正的想望。但是就實踐的層次來說，孔子是個徹底的失敗者，終其一生，他不斷地等待、焦慮、殷盼與挫敗。

　　「三十而立」、「四十而不惑」的孔子，「循道彌

久，溫溫無所試」。到了五十之年，他有了短暫的從政歲月，卻又在「墮三都」失敗後，黯然下臺。經過十四年的流浪，終於返歸故國。在孔子生命的最後階段，他的幾個先進弟子，如冉有、子貢、子路，在魯國政壇取得重要地位，但是，孔子卻發現，弟子們和他漸行漸遠，在現實政治事務的判斷與抉擇上，孔子與先進弟子們的矛盾已昭然若揭。

質言之，孔子和其先進從政弟子，如子路、子貢、冉有之間，最大的差別在：孔子要求的「行道」，是不打折扣、如實的重現；而弟子們的用世，是在現實條件當中，尋求最大的實踐空間，必要時（而且事實上幾乎是所有的時候），可以把道「存而不論」，暫時擱置一旁。這也就是為什麼子貢會說：「夫子之道至大也，故天下莫能容夫子。夫子蓋少貶焉？」卻被孔子批評：「爾志不遠。」也是為什麼冉有會說：「非不說子之道，力不足也。」而孔子指責其畫地自限。問題是，弟子們也許認為，不讓「道」的實踐有些彈性，反而是什麼也做不了。或者說，弟子們要求的是一個

在現實中「可行」的「行動策略（或方案）」，而在他
們看來，孔子或者提不出「行動策略（或方案）」來，
或者所提出的「行動策略（或方案）」在現實中是「不
可行」的。

我試圖從「理想」與「事功」的悖論，來說明孔
子與其先進弟子之間的差異。這樣的歷史個案，也讓
我們深刻了解，「實踐」本身的複雜萬端，而當「機
會」來臨時，才是用世的實踐者最大的考驗時刻。

同年年底，我受邀撰寫三民書局「文明叢書」中
的一冊，由於當時仍陷在思索孔子晚年命運與心境的
複雜糾結中，我乃再以《流浪的君子──孔子的最後
二十年》為題，於隔年 (2001) 完成付梓。新舊世紀之
交，糾纏在我心中，占據最大圖像的，竟是這位二千
五百年前的頑強老人。

而此時，我記掛著的，是晚年的孔子。從遠離故
國周遊列國始，到生命的終了，大概二十年光景。孔
子生命中的最後二十年，在我看來，是悲欣交集，夾
雜著企盼與失落、絕望與悟道的複雜心境。晚年的孔

子，不再有行道的機會，抱憾而終。對孔子來說，這不是他想要的人生終局，但是我卻常想：幸而如此，才成就了歷史上永恆的聖者圖像。

如果孔子真能得君行道，歷史上，也許增加了左右一個世代的管仲或子產，卻可能失去了影響千秋萬世的 「孔子」。也許，孔子連管仲、子產都做不了……。

二

我不是基督徒，但是二十年前曾經用心地讀過兩遍《聖經》。從一個歷史學者的角度來讀新舊約《聖經》，其實往往有另一種解讀，只是這樣的解讀在信者來看，也許是「買櫝還珠」了。

我自己對《舊約》的解讀，總以為一部《舊約》寫的就是當亞當和夏娃背離上帝，被逐出伊甸園後，人類尋求重返伊甸之路的過程，以及過程中的試煉與克服的記錄。而〈出埃及記〉一篇，則記述希伯來人在淪落埃及、備受侵凌壓迫後，上帝遣摩西帶領希伯

來人離開埃及，來到那「流奶與蜜」的上帝許諾之地的過程。

這樣的旅行是整個族群、上帝的選民的信仰之旅，上帝與信眾之間有著摩西這樣先知的角色作為中介。這趟集體的漫漫旅程，空間上由埃及走向迦南美地，精神上則逐漸從世俗走近神聖。儘管長路漫漫，信道不堅、行道不篤的人有時也會中途而廢。但是，由於有著上帝的許諾，人們確知這旅程必有終點，而堅定不移的信仰是終能重返伊甸的最重要條件。

陶淵明的〈桃花源記〉則描繪了一幅亂世仙境圖，「避秦」是其初衷，「隔絕」是其手段。「不知有漢，無論魏、晉」，遠離了真實歷史的紛擾，才能保有「黃髮垂髫，並怡然自樂」的美好境界。基本上「桃花源」是非歷史、非現世的，是超越的，也因此只能內在於人們心中。「問津」者則是試圖將心中的美好圖像，建造於外在世界，尋求內心世界與外在世界之間的津渡。武陵漁人無意中闖入桃源仙境，那是人們心中存在的夢想的閃現，召喚著亂世中的人們。但是，通往「桃

花源」的津渡，卻是上天下地，求索不得。到了後來，「遂無問津者」，卻道出了現世更深沉的悲哀。

孔子說：「道不行，乘桴浮於海。」當子路聞言，欣然欲從往時，孔子說：「由也，好勇過我，無所取材。」「無所取材」其實也是津渡難尋的另一種說法。海外仙山只存在於夢想家所構築的夢境中，在現世中卻是不存在的。

三

孔子終究沒有浮海探求海上仙山，因為他知道，他的夢，必須在腳下實踐，而不在虛無飄渺的海天之外。孔子要行的道，就在埃及，不在迦南美地；就在魏晉，而不在超越時空的桃源仙境。

如果有一天，君子不再流浪了，他還能是個君子嗎？

流浪的君子一無所有，因此他擁有一切；流浪的君子沒什麼可以失去的，因此他什麼也不會失去。如果有一天，君子不再流浪，當他在現實權位中得其所居時，原來的夢想還會安居在他的心中嗎？他的夢想

也是人們的夢想嗎？

　　當然，孔子深刻地覺察了這個問題，「不患無位，患所以立；不患莫己知，求為可知也。」他提醒道：在追求行道的機會時，權位只是手段，立身處世之道才是根本。孔子也曾說：「鄙夫可與事君也與哉？其未得之也，患得之；既得之，患失之。苟患失之，無所不至矣。」「患得」與「患失」都會讓人亂了分寸，特別是「患失」之心更為激切，若是得之不以其道，「患失」之際更是無所不用其極。

　　我不知道若孔子有機會得君行道，歷史會怎樣記錄他？歷史難以假設，卻是必須提問。

　　當紅氣球緩緩飄落人間……

　　六年多前的小男孩現在十歲了，自從七年前看了一次《紅氣球》之後，我們不曾再重看那部讓安棣感到不安的影片。安棣的弟弟安珩五歲多了，不久前，當我第一次為安珩閱讀幾米的繪本《月亮忘記了》時，轉頭問安棣，還記得你小時候看過的《紅氣球》，與《月亮忘記了》的感覺很像嗎？安棣告訴我，他記得，

他記得那些大男孩兇惡地踩破紅氣球的鏡頭,也記得那時的不安與恐懼。

　　如果君子不再流浪,真正的故事才要開始。

　　　　　　　　　　　　　　　　　　王健文

　　　　　　　　　　　　　　　　　　2007 年

參考書目（史料不錄）

王健文，《游動的時代：從禮壞樂崩到帝國的建立》，1996
　　年未刊稿。

王健文，〈學術與政治之間：試論秦皇漢武思想政策的歷
　　史意義〉，《清華學報》30 卷 3 期。

王健文，〈理想與事功：孔子的晚年及其弟子〉，中央研究
　　院主辦、國科會協辦，中央研究院第三屆國際漢學會
　　議，2000 年 6 月 29 日至 7 月 1 日。

井上靖著、劉慕沙譯，《孔子》，臺北：時報，1990。

杜正勝總策劃、左菁華編劇，《從歷史到歷史劇：孔子的
　　故事》，臺北：時報，1995。

杜正勝，〈流浪者之歌：重新認識孔子〉、〈從歷史到歷史
　　劇〉，收入：《古典與現實之間》，臺北：三民書局，
　　1996。

杜正勝,《編戶齊民:傳統政治社會結構之形成》,臺北:
　　聯經出版事業公司,1990。

李長之,《孔子的故事》,臺北:萬卷樓影印,1990。

高專誠,《孔子‧孔子弟子》,太原:山西人民出版社,
　　1991。

清‧崔述,《洙泗考信錄》,臺北:世界書局,1979年三版。

錢穆,《孔子傳》,臺北:東大,1994年三版。

錢穆,《先秦諸子繫年》,香港:香港大學出版社,1956。

清‧顧棟高,《春秋大事表》,臺北:廣學社印書館印行,
　　1975。

沈玉成,《左傳譯文》,臺北:源流出版社景印,1982。

　　(本書中《左傳》之譯文多有參考援用,謹此致謝)

圖片出處

135。

圖集》及《中國文史地圖：遠古至南北朝》，自行
改繪。

圖9　孔子像　南宋・馬遠，採自：《中國美術全集・繪
畫編4・兩宋繪畫下》，p. 91。

圖10　兕　漢代畫像，藏於：中國河南省南陽漢畫館，採
自：《中國美術全集・繪畫編18・畫像石畫像磚》，
p. 126。

圖11　泱泱大河，孔子罔天命而不得渡　華視單元劇集《孔
子的故事》劇照。採自：杜正勝總策劃、左菁華編
劇，《從歷史到歷史劇：孔子的故事》書前附圖。

圖12　高賢遇隱圖　清代・金廷標，藏於：臺北故宮，採
自：《故宮書畫圖錄13》，p. 247。

圖13　商鞅銅方升　採自：《中國古文明大圖集・IV・通
市》，p. 94。

圖14　秦陶量　同上，p. 96。

圖15　清代標準石斗　同上，p. 94。

圖16　先師孔子行教像　唐代・吳道子，採自：《中國古
文明大圖集・VI・文淵》，p. 129。

文明叢書 01

蠻子、漢人與羌族

王明珂／著

在中國西南的溝寨裡，羌人世代生息；傳說他們是大禹的子孫，也有人說日本人正是羌族的後代。歷史的多舛，帶來認同的曲折，作者從第一手的田野經驗出發，帶您探索羌族族群建構的旅程，讓您重新認識這群純樸的邊疆朋友。

文明叢書 03

佛教與素食

康　樂／著

雖說「酒肉穿腸過，佛祖心中留」，但是當印度的素食觀傳入中國變成全面的禁斷酒肉，肉食由傳統祭祀中重要的一環，反成為不潔的象徵。從原始佛教的不殺生到中國僧侶的茹素，此一演變的種種關鍵為何？又是什麼樣的力量左右了這一切？

文明叢書 05

疾病終結者——中國早期的道教醫學

林富士／著

金爐煉丹，煉出了孫悟空的火眼金睛，也創造了中國傳統社會特有的道教醫理。從修身道士到救世良醫，從煉丹養生到治病救疾，從調和陰陽的房中術到長生不老、羽化升仙的追求，道教醫學看似神秘，卻是中國人疾病觀與身體觀的重要根源。

文明叢書 06

公主之死——你所不知道的中國法律史

李貞德/

丈夫不忠、家庭暴力、流產傷逝——一個女人的婚
悲劇，牽扯出一場兩性地位的法律論戰。女性如何
夠訴諸法律保護自己？一心要為小姑討回公道的
后，面對服膺儒家「男尊女卑」觀念的臣子，她是
可以力挽狂瀾，為女性爭一口氣？

文明叢書 08

海客述奇——中國人眼中的維多利亞科學

吳以義/

毓阿羅奇格爾家定司、羅亞爾阿伯色爾法多里……
這些文字究竟代表的是什麼意思——是人名？是
名？還是中國古老的咒語？本書以清末讀書人的
點，為您剖析維多利亞科學這隻洪水猛獸，對當時
睡的中國巨龍所帶來的衝擊與震撼！

文明叢書 09

女性密碼——女書田野調查日記

姜 葳/

你能想像世界上有一個地方，男人和女人竟然使用
同的文字嗎？湖南江永就是這樣的地方。與漢字迥
不同的文字符號，在婦女間流傳，女人的喜怒哀樂
字裡行間娓娓道來，建立一個男人無從進入的世界
歡迎來到女性私密的文字花園。

文明叢書 12

文明世界的魔法師——宋代的巫覡與巫術

王章偉／著

《哈利波特》、《魔戒》熱潮席捲全球，充滿奇幻色彩的巫術，打破過去對女巫黑袍掃帚、勾鼻老太婆的陰森印象。在宋代，中國也有一群從事巫術的男覡女巫，他們是什麼人？他們做什麼？「消災解厄」還是「殺人祭鬼」？他們是文明世界的魔法師！

文明叢書 13

解構鄭成功——英雄、神話與形象的歷史

江仁傑／著

海盜頭子、民族英雄、孤臣孽子、還是一方之霸？鄭成功到底是誰？鄭成功是民族英雄、地方梟雄、還是不得志的人臣？同一個人物卻因為解讀者（政府）的需要，而有不同的歷史定位。且看清廷、日本、臺灣、中共如何「消費」鄭成功！

文明叢書14

染血的山谷——日治時期的噍吧哖事件

康豹／著

噍吧哖事件，是日治初期轟動一時的宗教反抗，震驚海內外。信徒憑著赤身肉體和落後的武器，與日本的長槍巨砲硬拼，宛如「雞蛋碰石頭」。金剛不壞之身頂得住機關槍和大砲嗎？臺灣的白蓮教——噍吧哖事件。

文明叢書 17

林布蘭特與聖經
——荷蘭黃金時代藝術與宗教的對話

花亦芬

在十七世紀宗教改革的激烈浪潮中，林布蘭
將他的生命歷程與藝術想望幻化成一幅又一
的畫作，如果您仔細傾聽，甚至可以聽到
低語呢喃的聲音，就讓我們隨著林布蘭的
伐，一起聆聽藝術與宗教的對話吧！